Michael Wartig

Das König der Bücher

Ein ATTACKE!-Buch

ATTACKE!-TASCHENBUCH
Band 00001

Mit Illustrationen von Alexander Wlassack

Der Verlag macht darauf aufmerksam, dass die genannten Firmen- und Markennamen sowie Produktbezeichnungen in der Regel marken-, patent- oder warenzeichenrechtlichem Schutz unterliegen.

© Copyright 2000 by Autor und ATTACKE!
All rights reserved
Titelillustration: Alexander Wlassack
Umschlaggestaltung: Maik Szirniks
Herstellung: Libri Book on Demand
Printed in Germany

ISBN 3-89811-915-7

Der Preis dieses Bandes
versteht sich einschließlich der
gesetzlichen Mehrwertsteuer

Vorwort

Was Sie jetzt in Ihren Händen halten, ist *ein Buch*.
Jetzt stellt sich die Frage: Was mache ich damit?
Nun, dieses Druckerzeugnis erweist sich als überaus nützlich, falls ein Tischbein zu kurz geraten sein sollte. Oder wenn Sie die Fliege an der Wand stört. Auch in einem Bücherregal macht es sich sehr gut als Dekoration. Vorausgesetzt, es passt farblich zu dem anderen Buch.
Jetzt kommt das Beste: Man kann es auch lesen! Vorzugsweise von links nach rechts und von oben nach unten. Aber bitte nacheinander, nicht gleichzeitig. Auf diese Weise kann man den meisten anderen Büchern einen Sinn entlocken. Diesem nicht.
Das macht aber nichts. Sie können nämlich ohne großen Aufwand aus diesem *Lese*buch ein *Mal*buch machen. Nehmen Sie sich ein paar schöne Buntstifte und bemalen Sie die enthaltenen Zeichnungen. Dann verschenken Sie das Buch. Es hat jetzt auch eine persönliche Note bekommen. Da freut sich der Beschenkte über so viel Aufmerksamkeit.

Danke, dass Sie bis hierhin gelesen haben. Obwohl wir uns fragen: »Warum?«

Es verabschiedet sich

die ATTACKE!-Redaktion
http://www.attacke.com

Inhalt

How to kill yourself like a gentleman

Seien wir ehrlich: Jeder hat schon einmal daran gedacht. Selbstmord. Suizid. Self-Murksing. Ich-bezogenes Ableben. Introvertiertes Abnippeln. Kurz: Schluss mit dem eigenen, nur noch dahinvegetierenden Fleischklumpen.

Und schon tun sich die üblichen Standardsituationen auf: Fön im Badewasser, Heizstab im Arsch, Kopp im Wäschetrockner oder fünf Kilo Zyankali im Magen, um nur einige zu nennen. Allesamt ebenso unsicher wie sterbenslangweilig!

Wer heutzutage mit einem ordentlich zugerichteten Leichnam auf den Titelseiten der Weltpresse erscheinen will, muss schon etwas mehr Grips in ein fulminantes Dahinscheiden investieren. Den haben aber nur die Allerwenigsten, so dass im Folgenden die zehn putzigsten Methoden vorgestellt werden.

Nur zu, bedienen Sie sich!

1) Die OP-Methode

Man lasse sich mit einem fadenscheinigen Grund, z.b. offener Darmdurchbruch, ins nächstgelegene Krankenhaus einliefern.

Da dort Experten arbeiten, die ums Leben ihrer Patienten und einen ordentlich gebrühten Morgenkaffee besorgt sind, ist die Wahrscheinlichkeit sehr hoch, dass man trotz gegenteiliger Aufforderung korrekt operiert wird und lebend das Krankenhaus verlässt. Also macht man folgendes:

a)   Tauschen Sie Krankenkarte mit der des Bettnachbarn.

b)   Wischen Sie die Operationsmarkierungen mit Lösungsmittel ab, und wählen Sie Ihr eigenes, persönliches Zielgebiet für das Skalpell. Gehe nicht über Los, ziehe keine 4.000 DM ein.

c)   Verweigern Sie jegliche Narkose.

d)   Verlangen Sie, dass der Chirurg während der Operation raucht, säuft und rumkokst, dass ihm die Nase wegfliegt. Am besten gleich in die offene Wunde.

e)   Beleidigen Sie den Operateur zwischendurch immer wieder aufs Schwerste:»Das soll ein sauberer Schnitt sein? Mein Gott, haben sie ihr Diplom auf der Kirmes gewonnen? Wenn sie so weitermachen, stecke ich ihnen meine Milz in ihren Arsch, dass ihre Hämorrhoiden Halleluja singen!«

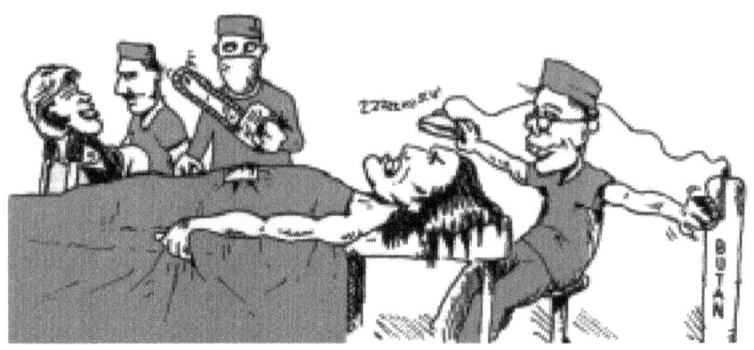

f)   Trinken Sie eine Tasse Krankenhaus-Kaffee. Wenn alles andere nicht gewirkt hat - Das überlebt keiner!

2) Die Vergaser-Methode

Schumacher träumt davon, Niki Lauda hat's probiert (aber überlebt, dieser Dilettant), und auch Sie können sich so einen schönen, letzten Abend machen: Man nehme einen alten Wagen mit Doppelvergaser, nicht unter hundertfünfzig PS (Opel Admiral hat sich bestens bewährt), einen Schraubenzieher, und verziehe sich mit den Worten:»Tschüß, ich hau' mir jetzt den Kopf um die Ohren« in die elterliche Garage.

Jetzt öffne man die Motorhaube, schraube den Luftfilter ab und starte den Wagen. Nun beuge man sich über den Motor und zentriere den Kopf genau über die Ansaugöffnung des Vergasers. Mit der rechten Hand spiele man am Gas-Seilzug und lasse den Motor aufheulen, während die linke Hand mit dem Schraubenzieher genüsslich den Zündzeitpunkt verstellt.

Die daraufhin erfolgende, gewaltige Fehlzündung lässt eine Stichflamme aus dem Vergaser schießen, gegen die das Challenger-Unglück wie ein Pfadfinder-Lagerfeuer anmutet. Diese Flamme verbrät so ziemlich alles, was sich ihr in den Weg stellt ...

Profis schaffen es schon mit der ersten Fehlzündung, andere müssen etwas mehr üben, und manche gar müssen zwischendurch wieder zum Nachtanken fahren (Kein schöner Anblick für den Tankwart, aber ein unvergessliches Erlebnis für Sie!), doch schlussendlich hat der Admiral noch jeden geschafft.

3) Die Restaurant-Methode

Unglaublich simpel, unglaublich preiswert, und unglaublich ekelhaft. Kurz: Ein Abgang mit Stil!

Man geht zum nächsten Chinesen, Griechen oder Mulatten und bestellt ein harmloses Mittagsmenü. Zum Beispiel Korinthenkakker in Aspik. Nun frisst man den Teller exakt bis auf ein Gramm leer und ruft den Geschäftsführer:»Iiieh, da ist ja *Scheiße* auf meinem Teller! Ich will sofort den Chef sprechen!«

Dieser kommt sofort angewetzt und wird nicht wagen, diese Aussage zu bezweifeln, zumal der Nachweis bei nur einem Gramm Nahrungsmittelrest ohne Laborgeräte schwer zu führen ist.

Um den guten Ruf des Hauses zu wahren, wird er sagen:»Oh la la, grande Malheur! Isch werde den Koch feuern lassen! Natürlisch bekommen sie sofort ein neues - nein, warten sie - zwei neue Menüs. Auf Kosten des Hauses, verschteht sisch! Bon Apetit!«

Sie zwängen sich also die beiden Menüs rein, und Sie ahnen schon, was jetzt kommt: Auf jedem Teller lassen Sie wieder exakt ein Gramm zurück und rufen den Chef:»Iiieh! Scheiße! Das ist ja schon wieder *Scheiße*!«

So werden Sie mit zwei, vier, acht, sechzehn ... Tellern feinster Mittagsspeise gemästet, bis Sie platzen. Und genau das wollten Sie ja nur, Sie Schlingel!

4) Die Hamster-Methode

Man nehme: Einen Hamster, 10.000 BIC-Einweg-Feuerzeuge (ersatzweise auch eine Gasflasche vom Grillwagen nebenan) und einen Tag Urlaub.

Nun stülpe man den Hamster über ein BIC-Feuerzeug und pumpe ihn mit dem Butangas auf. Dann den Mund zudrücken, Feuerzeug raus, neues rein, und weiter pumpen. Das mache man mit allen Feuerzeugen, bis der Hamster zum Bersten mit einem hochexplosiven Gasgemisch angefüllt ist.

Junge, wird der Augen machen! Man kann den Hamster natürlich auch mit einer Hundert-Liter-Camping-Gasflasche auffüllen, macht aber nicht so viel Spaß, da das viel zu schnell geht.

Anschließend rufe man den Menschen an, den man am liebsten zur Hölle schicken möchte, zum Beispiel den netten Finanzsachbearbeiter, der einem bei der letzten Einkommensteuererklärung das Ferienhaus auf Ibiza nicht als Arbeitszimmer anerkennen wollte, und lade ihn auf ein Gläschen Schluck zu einem fröhlichen Umtrunk ein.

Sobald der Kerl da ist und klingelt, halte man den Hamster an die altmodische Türklingel, und der Funke, der in ihr aufgrund der altertümlichen Mechanik und Funktionsweise erzeugt wird, reicht aus, um den Hamster zu initialisieren.

Die daraufhin erfolgende, gigantische Explosion reißt nicht nur Sie und den Finanzsachbearbeiter aus Abteilung 1c in Stücke, sondern praktischerweise mehrere Häuserblocks gleich mit weg. Nun sind Sie tot *und* das Tagesgespräch Nummer eins! Besser geht's doch gar nicht ...

5) Die Museums-Methode

Gehen Sie in Ihr nächstgelegenes Museum und schlendern Sie ein wenig umher, bis sich die meisten Leute angesammelt haben. Nun stellen Sie sich vor *das* Kunstwerk der aktuellen Ausstellung, zum Beispiel »Furz in Zeitlupe« oder »Brüste, Brüste, Brüste«.

Mit möglichst lauter, aber offensichtlich gequälter Stimme sagen Sie: »Boaah, hab ich einen Druck auf der Blase!«

Jetzt öffnen Sie Ihren Reißverschluss, holen Ihren besten Freund heraus, und pinkeln das sündhaft teure Kunstwerk eines unbekannten, aber hoffnungsvollen Nachwuchskünstlers an. Der aufgebrachte, wilde Mob wird Sie in genau dieser Reihenfolge massakrieren, teeren und federn, rädern, auspeitschen, öffentlich beschimpfen und anschließend fragen: »Was machen Sie heute abend?«

Diese Frage kommt zumeist von dem hässlichsten, pickeligsten Barackengesicht der versammelten, wutkochenden Mannschaft, so dass Sie froh sind, tot zu sein und nicht antworten zu können.

6) Die Koffer-Methode

Wollten Sie nicht immer schon die Welt sehen – und das fast umsonst? Nichts einfacher als das!

Nehmen Sie Ihren leeren Reisekoffer, schreiben Sie »Nach Timbuktu« drauf, geben Sie ihn bei der Grufthansa als Frachtpost Richtung »Venezuela« auf, bezahlen Sie die verhältnismäßig geringe Frachtpauschale und schlendern dann langsam Richtung Ausgang. In einem unbedachten Moment aber, wenn der Schalterbeamte gerade beschäftigt ist und der Stewardess ins volle Leben grabscht, schlüpfen Sie flugs in den Koffer und beginnen so Ihre Odyssee durch alle Herren Länder, denn die widersprüchliche

Zielortangabe macht eine korrekte Zustellung unmöglich.

Und so reisen Sie durch die Welt, erleben die schönsten Knochenbrüche bei einer Notlandung auf Sylt, bezahlen den bulligen, brutalen Kofferschlepper in Afghanistan mit dem Verlust des linken Auges, und kurz bevor Sie verdurstet oder verhungert sind, zerschellt Ihr Linienflug No. 354/83 aufgrund eines »Pilotenfehlers« (in Wirklichkeit haben Sie gefurzt und den Kabineninnendruck dadurch auf einen derart kritischen Wert erhöht, dass die Türen abgesprengt wurden) auf Mallorca und pulverisiert Ballermann 6.

7) Die Türsteher-Methode

Es ist so einfach: Gehen Sie zu *der* Schickimicki-Disco Ihrer Stadt, stellen Sie sich breitbeinig vor den Karate-Judo-Tae-Kwon-Do-Kickbox-Türsteher, und sagen Sie: »Dein linkes Ei hängt aus der Hose, Schlitzi. Dafür, dass es so klein ist, stinkt es aber, als wöge es drei Tonnen!«

Zuerst wird er Ihnen das Grinsen aus der Fresse und anschliessend das Leben aus dem Leib prügeln. Oder umgekehrt. Asiaten sind da nicht so.

8) Die Socken-Methode

Sammeln Sie über einen Zeitraum von zehn Jahren *alle* abgetragenen Socken und Unterhosen in einem luftdichten Behältnis und lassen Sie diesen anschließend weitere zwei Jahre gären.

Nach zwölf Jahren erhalten Sie so eine Mischung aus Senfgas, Stinkbombe, Kohlenmonoxid und Fußschweiß, die nach dem Einatmen so schnell wirkt, dass Sie den Aufschlag nicht mehr spüren.

9) Die Testreihen-Methode

Ständig werden Probanden gesucht, die sich für einen freiwilligen Test mit diversen, unausgegorenen Medikamenten voll pumpen lassen. Warum auch nicht?

Melden Sie sich einfach bei allen verfügbaren Instituten als Testperson an, am besten an direkt aufeinanderfolgenden Tagen. Sie werden staunen, wie lang und hart Testzäpfchen sind! Sie werden staunen, wie viele Spritzen auf einmal in einem menschlichen Körper stecken können! Sie werden staunen, wie dick ein Arm werden kann, der mit 294.375.773 verschiedenen Allergietestsubstanzen eingerieben ist! Sie werden staunen, dass Ihr Schniedel abfallen und vor dem Aufprall auf dem Boden noch dreiunddreißig Mal die Farbe wechseln kann! Sie werden staunen, wie sicher diese Methode ist!

10) Die Heimwerker-Methode

Befestigen Sie Akkuschrauber, Kreissäge, Bohrhammer, Schwingschleifer, Elektromesser, Schleifstein, Rasenmäher, Kettensäge, Lötkolben, Schweißgerät, Elektrotacker, Bolzenschussgerät, Bohrmaschine, Heißluftfön und Stichsäge an sich, schalten Sie die Geräte ein und stecken Sie sie anschließend in die Steckdose.

Dann rufen Sie bei Ihrem örtliche EVU an und geben den Herren in der Schaltzentrale Bescheid, dass sie den Strom wieder einschalten können, der Elektriker ist jetzt fertig ...

ATTACKE! auf dem Mars

Es gibt den Mann im Mond, den Riesenpickel auf der Venus, das Eitergeschwür auf dem Merkur, die fünf schrecklichen Fürze auf den Jupitermonden, alte Doppelvergaser auf dem Pluto - alles nichts Neues für den engagierten Hobbyastronomen. Dieser Tage jedoch bahnte sich eine Sensation an, gegen die obige Sehenswürdigkeiten ein kalter Schiss sind: Die ATTACKE!-Redaktion (und meine Wenigkeit) landete auf dem Mars!

Als gekaufter Beobachter, durch ein paar Gefälligkeiten in Form von überbordenden Schweizer Konten und mehreren Tanklastzügen voll Bier zur strikten Objektivität verpflichtet, kann ich nun als Erster von dieser sagenumwobenen Reise berichten.

Hier mein Bericht.

Day 11
Der Countdown läuft!

Wie so vieles auf der Welt ging auch hier nichts ohne eine exakte, präzise, sekundengenaue Planung. Jeglicher Zufall musste ausgeschaltet werden, der kleinste Fehler könnte zur Katastrophe führen. Obwohl hochkompliziert und nur mit Computerunterstützung berechenbar (eine Cray alleine für die Berechnung der richtigen Biertemperatur spricht wohl für sich), passte der Plan unglaublicherweise auf eine DIN-Postkarte vom Dümmer See: »Hey, Leute! Hab 'nen Mörderkater und 'ne geile Idee: Lasst uns auf den Mars fliegen und Sojourner vollpinkeln! Harharhar!«

Verblüffend. Bis ins Letzte ausgearbeitet. Jedes Detail passt, fügt sich auf wunderbare Weise wie ein Zahnrad ins nächste: Auf den Mars fliegen und Sojourner anpinkeln. Unglaublich. Perfekt. Und ich durfte mitfliegen.

Wahnsinn!

Day 10
Ab heute verpflichtet sich jedes Redaktionsmitglied, die Toilette nicht mehr aufzusuchen. Nur so'n paar Tropfen auf die Marsfähre, das lohnt ja nicht, die muss regelrecht weggespült werden!

Let's play Niagara ...

Day 9

Die Presse wird von dem Vorhaben in Kenntnis gesetzt. Der Original-Wortlaut der Pressemitteilung:

»An die dpa.

Wir fliegen in neun Tagen auf den Mars und pissen Sojourner voll. Haben Polaroid und Super 8 dabei, wer zuerst kommt, kriegt die Rechte (natürlich gegen eine Schweinepatte). Apropos: Kennt Ihr jemanden, der eine Rakete übrig hat?«

Die Antwort der dpa ließ nicht lange auf sich warten:

»An die ATTACKE!-Redaktion.

Wir fliegen in neun Tagen nach Mallorca und pissen die Riviera voll. Haben Pizza und Super Illu dabei, wer zuerst ins Koma kippt, kriegt eins auffe Fresse (natürlich umsonst). Apropos: Kennt Ihr jemanden, der noch so bescheuert ist wie Ihr?«

Blasierte Ignoranten! Na, die werden schon sehen ...

Day 8

Es wird Zeit, an die Rakete zu denken.

Day 7

Weltraumzentrum NASA, Houston/Texas.

»Sir, ich habe hier eine Meldung vom Wachdienst, es tut sich etwas Merkwürdiges auf dem Gelände.«

»Was heißt hier merkwürdig?«

»Nun, Sir, es soll Geräusche von der Fähre geben. Merkwürdige Geräusche.«

»Schalten sie's auf die Lautsprecher!«

»... Pffffrzz ... Farz ... Rülps ...!«

»Vielleicht die Steuerdüsen?«

»Negativ, Sir, die haben wir gestern im Probelauf getestet.«

»... Huaaaaaaalp ... Oooohhh ... Pffffrzzz ...!«

»Die Magnetlagerung der Horizontalstabilisatoren?«

»Unmöglich, Sir, die haben wir doch schon bei der letzten Landung verloren.«

»... Gonnnngg ... Hust, Hust ... Klonk! Knartsch! HARHARHAR! Säg ... Pffffrzzz...«

»Ist die Kompressorenfluktuation im hermetischen Floating-Device gemoppelt?«

»Sogar doppelt gemoppelt, Sir. Das kann's auch nicht sein.«

»Hmmmm ... «
»... Klirr! ... Padauz ... Schieeeeeb ... Rülps ... Zosch ...!«
»Ich hab's! Natürlich! Die Charge-Querphasen-Emitter im Kreuzkonverter blasen heliumgekühlte Impulspaketmenstruationen synchrongesteuert im Trägerkanalmedium aus! Ist doch klar ...«
»Ich widerspreche ihnen ungern, Sir, aber das Trägerkanalmedium wurde lasergetaktet, bifilargemörtelt und resonanzgespult, scheidet also als Ursache aus.«
»... Schieeeeb ... Plopp! ... Gluck, gluck ...!«
»Die Querstromdetektoren?«
»Unwahrscheinlich.«
»... Harharhar! ... Schieeeb, schieeeb ...!«
»Der Solarkontrollhystereseverstärker im Schummelmodul?«
»Das Schummelmodul wurde kürzlich verstärkt, wenn's daran liegen würde, dann wüssten wir's.«
»... Keuch, hust ... Schieeeeeb ... Quieetsch ... Zosch ...!«
»Die Protonenbelästiger der Schubmanifestatoren wurden doch kontrastreduziert! Mal angenommen, die kräuseldimetrische Perplexeinheit wurde vertikalgepoppt, könnte das nicht ...«
»Doch nicht vom Poppen, Sir! Völlig unmöglich!«
»Shit. Okay, dann gucken wir uns das Ganze einmal an. Auf den Schirm!«
»...«
»Hören sie schlecht? Ich sagte, die Rakete auf den Schirm!«
»Ähhhh ...«
»Was ist, Mann?«

Day 6

Irgend etwas auf dem Gelände der ATTACKE!-Redaktion wirft einen verdammt langen Schatten. »Is' nur unsere alte Yucca-Palme«, höre ich, »seit dem neuen Dünger wächst das Mistding wie verrückt!«

Ich hatte bis dato zwar noch nie etwas von einer blattlosen, fünfzig Meter hohen Yucca-Palme mit fünfzehn Meter Stammumfang gehört, aber die Redaktion von ATTACKE! ist natürlich absolut vertrauenswürdig. Wird schon in Ordnung sein, Yucca wächst ja wirklich wie Unkraut.

Day 5

Damit auf dem Mars nichts schiefgeht, wurde ein Modell von Sojourner aus alten Bierdosen, XXL-OB's, toten Kakerlaken, Flokati-Resten, den fünfzig letzten Yps!-Gimmicks, zehn alten Staubsaugern, einer Wäschespinne, zwölf mutwillig zerkratzten Heintje-LPs, fünfundneunzig gebrauchten Kondomen und einem Butterkeks gebastelt. Eben aus allem, was auf einem ordentlichen Redaktionsschreibtisch zu finden ist. Dieses Modell wurde von allen während einer Sondersitzung probebestrullt.

Das Resultat war umwerfend: Die ganze Nacht hindurch waren Einsatzkräfte der Feuerwehr beschäftigt, Keller leer zu pumpen, Sandsäcke zu stapeln und in Panik geratene Menschenmassen mit Hubschraubern aus ihren Häusern zu befreien.

Die Redaktion brauchte keine Worte, jeder wusste: So soll es sein. Sojourner, wir kommen!

Day 4

Das Probestrullen hat jeden um circa zwei Tage zurückgeworfen, so dass zur nötigen Blasenaufladung die Tagesration an Bier, Schnaps, Wein und Cola wieder auf den Anfangswert von dreihundert Litern gesteigert wurde. Allgemeiner Applaus signalisiert die breite Zustimmung aller.

Langsam beginne ich zu verstehen: Diese Redaktion hat wirklich das Zeug zu einer Marslandung.

Day 3

Der Raumanzug bereitet Probleme: Die »Aldi Sportiv« ballonseidene Jogging-Kombination hält doch nicht das, was sie verspricht. Von wegen winddicht! Da bläst jeder Furz durch, dass einem die Luft wegbleibt.

Nach umfangreichen Versuchen wurde eine ausreichende Dichtigkeit für die Marsatmosphäre bei dreiunddreißig übereinander getragenen Kombinationen ermittelt. Das Beste dabei: Es bleibt noch etwas Geld für 'ne ordentliche Pulle Herzog Alba übrig.

Was will man mehr?

Day 2

Es verblüfft mich immer wieder, wie gelassen die ATTACKE!-Redaktion dem historischen Ereignis entgegensieht. In Ruhe ein Fässchen Pils leeren, ein, zwei Container Herforder hinterher kippen, wohlwollend aufstoßen und den immensen Bauch bewundern ...

Ich habe Vietnam erlebt, die Grauen des Gulag, selbst klötenenge Jeans konnten mir nur ein müdes Lächeln abringen. Aber DAS, das ist einfach unfassbar. Die ganze Welt zittert vor dem Augenblick der ultimativen Wahrheit, und die saufen einfach nur wie die Ketzer!

Junge, sind die ausgeschlafen ...

Day 1

Das Reisegepäck wird überprüft.

»Bier?« – »Check!«
»Ouzo?« – »Check!«
»Sangria?« – »Check!«
»Hefeweizen?« – »Check!«
»Playboy 1 bis 13425?« – »Check!«
»Hand am Sack?« – »Check!«
»Okay, das war's.« – »Check!«
»Ich sagte, das war's. Kannst aufhören.« – »Check!«
»Klappe, Alter! Ich kann 'Check' nicht mehr hören!« – »Check«
»Schnaaaaaauze!« – »Check!«
»Okay. Kannst Du mir mal den Baseballschläger reichen?« – »Check!«
»Danke. Und jetzt den Kopf etwas neigen.« – »Check!«
»Gut. Die Augen schließen.« – »Check!«
»Umdrehen.« – »Check!«

»Und jetzt nicht bewegen ...!« – » Ch ...«

Day 0

Der Start steht unmittelbar bevor. Aber wo ist die Rakete?
Wortlos öffnet der Chefredakteur eine Tür in der Yucca-Palme ...
Ich wusste es! Verdammt, ich wusste es! Das ist gar keine Yucca-
Palme! Ooooh, diese raffinierten Halunken, die sind wirklich mit
allen Wassern gewaschen ...

Die geschlossene Abwesenheit der Presse unterstreicht den historischen Augenblick, als die ATTACKE!-Redaktion die Raumfähre betritt, den Choke zieht, den Zündschlüssel dreht, und der
Anlasser kreischend seinen Dienst antritt. Eine Welle von Ketten-
reaktionen im Innern des Stahlkolosses wird ausgelöst, die im to-
senden Start der Raumfähre gipfelt.

Später wird man erzählen, dass im Umkreis von fünfhundert Metern kein Gras mehr wuchs, dass dreihundertsiebenundneunzig
Rentner dauerhaft hörgeschädigt blieben, circa dreihundert Qua-
dratmeter Fensterscheiben zerbarsten, etliche Linienflüge nur
knapp einer Katastrophe entkamen und fünfundneunzig seltene,
nur in diesem Startgebiet lebende
Organismen und Pflanzen - vom
Knauserwurm bis zum Röchelret-
tich – endgültig vom Antlitz der
Erde gelöscht wurden. Was soll's,
es war 'n geiler Start.

Die Reise zum Mars verlief weitge-
hend ruhig. Was sollte auch schon
groß passieren? Die gesamte Redaktion (inklusive meiner Wenigkeit) lag schließlich schon längst im
Delirium, als die Raumfähre die
Astra-Satelliten 1a bis 1d leicht tou-
chierte und ..., nun, sagen wir ...,
in ihrer Umlaufbahn optimierte. Es
fliegt eh zu viel Schrott auf der geo-
stationären Umlaufbahn herum,
statt horrender Rechnungen sollten
die uns lieber Lobeshymnen schreiben! Es ist eben das Schicksal
von Monumentalereignissen, dass sie erst in der Zukunft gebüh-

rend gewürdigt werden.

Aber all das interessierte uns nicht die Bohne, wir schliefen den Schlaf der Gerechten.

KAKERLAAAK! - Der Alarm schrillte durch das gesamte Schiff. KAKERLAAAK! - Jetzt gingen zusätzlich die Warnlichter an, und die Bordbeleuchtung wurde eingeschaltet. KAKERLAAAK! - Die Redaktion erwachte fluchend aus dem Tiefschlaf, und jetzt hörte es auch der Letzte: KAKERLAAAK!

Dieser Alarm klang wie himmlisches Glockengeläut in den Ohren aller:»Kakerlaaak!«Es war soweit ...

Die automatische Landung wurde eingeleitet:»Kontrollsystem an Kosmonautenbande: Errechneter, raffinierter Landeplatz anvisiert. Aktiviere atemberaubende Katastrophenlandung!«

Ein leichtes Jubeln klang durch die Räume: Es wurde nicht nur ein guter, ein passender, ein geeigneter Landeplatz anvisiert, nein, es wurde sogar ein raffinierter Landeplatz angepeilt! Das war geradezu optimal, das hieß, dass man unmittelbar neben Sojourner zu Boden ging, also nicht mehr als zwanzig Meter zum Tatort laufen musste. Und bei dem Blasendruck, den alle angestaut hatten, war jeder Meter entscheidend!

Es dauerte endlose Minuten bis zum Aufsetzen, und es war jedem anzusehen, wie er mit sich kämpfte, bei den enormen Vibrationen die Kontrolle über die übervolle Blase zu behalten.

Ich gab allen einen Holzklotz, damit sie auf etwas beißen konnten. Das hatten die Typen bei Bonanza auch immer gemacht, wenn irgendwelche Kugeln aus irgendwelchen Gesäßen zu entfernen waren, und diese Situation hier unterschied sich nicht wesentlich davon. Jedenfalls den Gesichtern der Redaktionsmitglieder nach zu urteilen, die nur eines ausdrückten: Verdammt, ich muss mal! Echt!

Als die Fähre sicher stand, gab es kein Halten mehr. Die Tür wurde aufgerissen, und mit einem irrsinnigen Tempo rannte jeder auf Sojourner zu, nur noch von einem einzigen Gedanken beseelt: Niagara! Jetzt! Hier!

Währenddessen auf der Erde. NASA Kontrollzentrum, Houston/Texas.

»Sir, ich habe hier eine Messreihe von Sojourner, es tut sich etwas Merkwürdiges auf dem Mars.«

»Was heißt hier merkwürdig?«

»Nun, Sir, es soll Bilder von der Fähre geben. Merkwürdige Bilder.«

»Schalten sie's auf die Monitore!«

Auf den Kontrollbildschirmen rollen riesige Jogginganzüge mit Holzklötzen auf Sojourner zu.

»Mein Gott! Was ist das?«

»Sir, ich würde sagen, das sind Jogging-Anzüge.«

»Reden sie keinen Quatsch, Mann! Jogging-Anzüge auf dem Mars! Na klar! Und das Gebilde da hinten ist unsere geklaute Raumfähre, was?«

»Tja ... also, wenn ich die Aufschrift richtig interpretiere und das Nummernschild vergleiche, Sir, dann ...«

»Blödsinn! Nehmen Sie etwas Ajax und reinigen Sie die Bildschirme. Ich hole mir erst mal einen Kaffee. Scheiß Woche! Erst die Rakete geklaut, und jetzt das ...«

»Moment, Sir! Augenblick! Das ... ist unfassbar! Sehen Sie sich das an, das ist der Beweis!«

Eine Flutwelle immensen Ausmaßes rollt auf Sojourner zu.

»Bei Gott, Dotterfool, sie haben recht! Sehen sie nur, was für Mengen das sind! Es gibt Wasser auf dem Mars! Was für eine Wucht dahinter steckt ... Los, chemische Analyse, aber dalli! Ich muss sofort meine Mutti anrufen ...«

»Ja, Sir, sofort, Sir! Danke, Sir! Ich bin so aufgeregt, Sir! Darf ich auch meine Mutti anrufen?«

»Dotterfool, werden sie jetzt nicht kindisch. Ich will die Analyse in drei Minuten auf dem Schreibtisch haben!«

»Natürlich, Sir ...«

Zur selben Zeit auf dem Mars.

Man kann sagen, es sind nicht nur die Schleusentore geöffnet worden, nein, aus jedem Redaktionsmitglied flutete es heraus wie bei einem Dammbruch. Was sich in neun Tagen angestaut hatte, bahnte sich jetzt mit aller Macht seinen Weg schnurstracks auf Sojourner zu.

Ab und zu kam ein Laut über die Lippen der Tapferen: »Wollnwa doch mal sehn ...«, oder »Boah, die wird pulverisiert, guck dir das an!«, manchmal auch »Halten nix aus, die Dinger«, oder »Wetten, die fliegt mindestens zehn Meter weit, wenn ich sie genau treffe?«

Dass es über dreißig Meter wurden, sei hier nur am Rande erwähnt, auf jeden Fall hatte Sojourner ganz, ganz schlechte Karten. Das letzte Bild, das sie vom Mars funkte, war ein Kassenbon vom Aldi über Dutzende von Jogginganzügen und einer Flasche Herzog Alba. Niemand bei der NASA konnte sich das erklären und machte Übertragungsstörungen dafür verantwortlich.

Nun, der Rest ist schnell erzählt: Nachdem Sojourner erfolgreich hinfortgespült wurde, gab es auf dem Mars nichts Besonderes mehr zu sehen, also machten wir uns alle auf den Rückweg. Auch dieser verlief ohne besondere Zwischenfälle, mal abgesehen davon, dass man sich das Ausrichten der Schüssel auf Eutelsat jetzt sparen kann.

Die Wissenschaftler bei der NASA zerbrechen sich heute noch den Kopf, warum im Wasser auf dem Mars über fünfzig verschiedene irdische Biersorten nachgewiesen werden konnten, aber nicht ein einziges Molekül der urzeitlichen Marsatmosphäre.
    Das soll aber nicht unsere Sorge sein ...

Die geheimen Fehlermeldungen von Windows 98

ATTACKE! hat es wieder einmal geschafft: Wo tausend Maschinensprache-Freaks jahrelang disassemblieren, wo unzählige Labor-Ingenieure Mannstunde um Mannstunde am Prüfstand verzweifeln, wo sich Studenten in aller Welt den Kopf zerbrechen, da hat ATTACKE! lediglich drei Kästen Bier und ein Dutzend Gyros Pita gebraucht, um das zu enthüllen, was Bill Gates hinter zentnerschweren Panzerschranktüren versteckt: Die undokumentierten Fehlermeldungen von Windows 98!

Unzensiert! Unverschämt! Unglaublich! Unfassbar!

Wie um alles in der Welt haben diese Schlitzohren, diese ausgebufften alten Hasen, diese Mega-Cracks von ATTACKE! das nur so schnell herausfinden können? Nun – Begonnen hat alles ganz harmlos mit dem üblichen Systemabsturz:

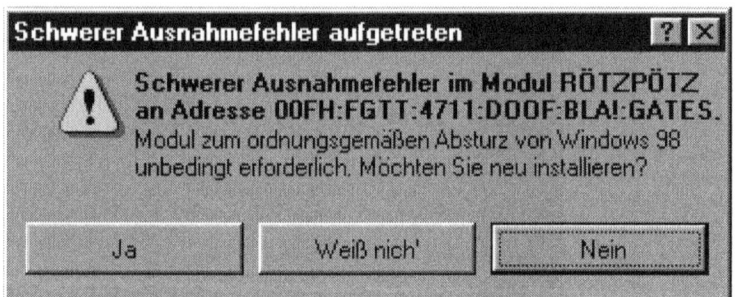

Hmmmm ... Ein Systemcrash war ja völlig normal, aber erst so spät? Schließlich war der Rechner bereits fünf Minuten an, und wenn man die vier Minuten für den Bootvorgang abzieht, läuft das System bereits seit einer Minute stabil! Äußerst ungewöhnlich ...

Wir ignorierten daher die Fehlermeldung und klickten auf »Nein«. Die daraufhin erscheinende Frage »Wirklich nicht?« verneinten wir ebenfalls.

Bei »Och, bitte, bitte!« klickten wir ebenfalls auf »Nö.«

Die Meldung »Wäre aber wirklich nett ...« beantworteten wir mit »Sind wir aber nicht.«

»Kost auch nix!« mit »Hahaha! Wer's glaubt ...«

»Geht auch wirklich schnell!« mit »Harharhar! Schenkelklopf!«

»Mann, seid ihr gemein!« mit »Jau ...«

Kurz: Wir blieben standhaft. Mehr noch, wir gerieten förmlich in einen Klickwahn, klickten hierauf, klickten darauf, klickten und klickten wie die Besessenen.

Als wir nach drei Stunden erschöpft und total verschwitzt innehielten, sahen wir das ganze Elend: Wir hatten Windows 98 konfus geklickt. Auf einmal erschienen Fehlermeldungen, die noch nie zuvor ein User auf Erden gesehen hatte! Nämlich die geheimen Fehlermeldungen von Windows 98 ...

Wahnsinn.

Die Maus war anschließend nur noch qualmender Schrott, aber das war es uns wert.

Hier sind sie also, die undokumentierten Fehlermeldungen von Windows 98! Lehnen Sie sich zurück, genießen Sie den Blick in die Eingeweide von Windows 98 ..., und hoffen Sie, dass Sie nie im Leben auch nur eine einzige dieser Meldungen zu sehen bekommen!

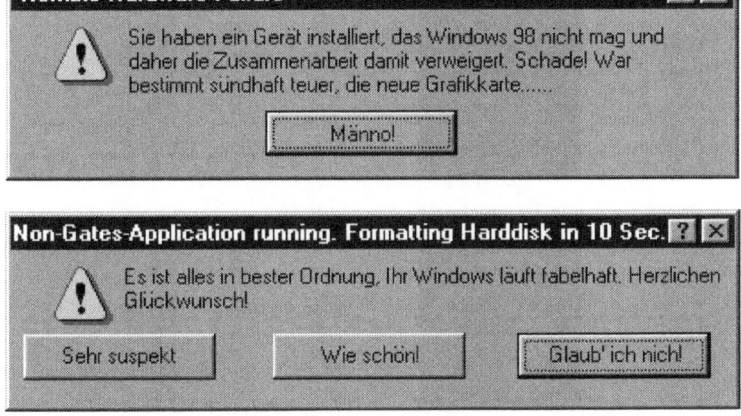

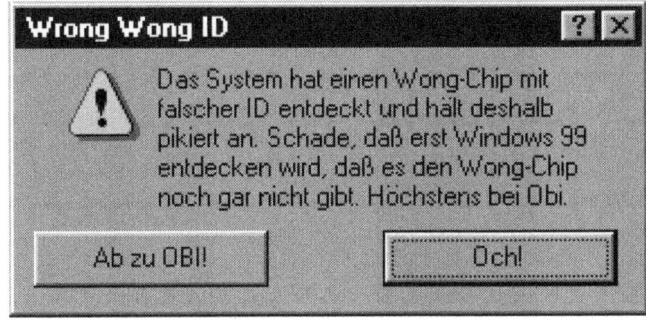

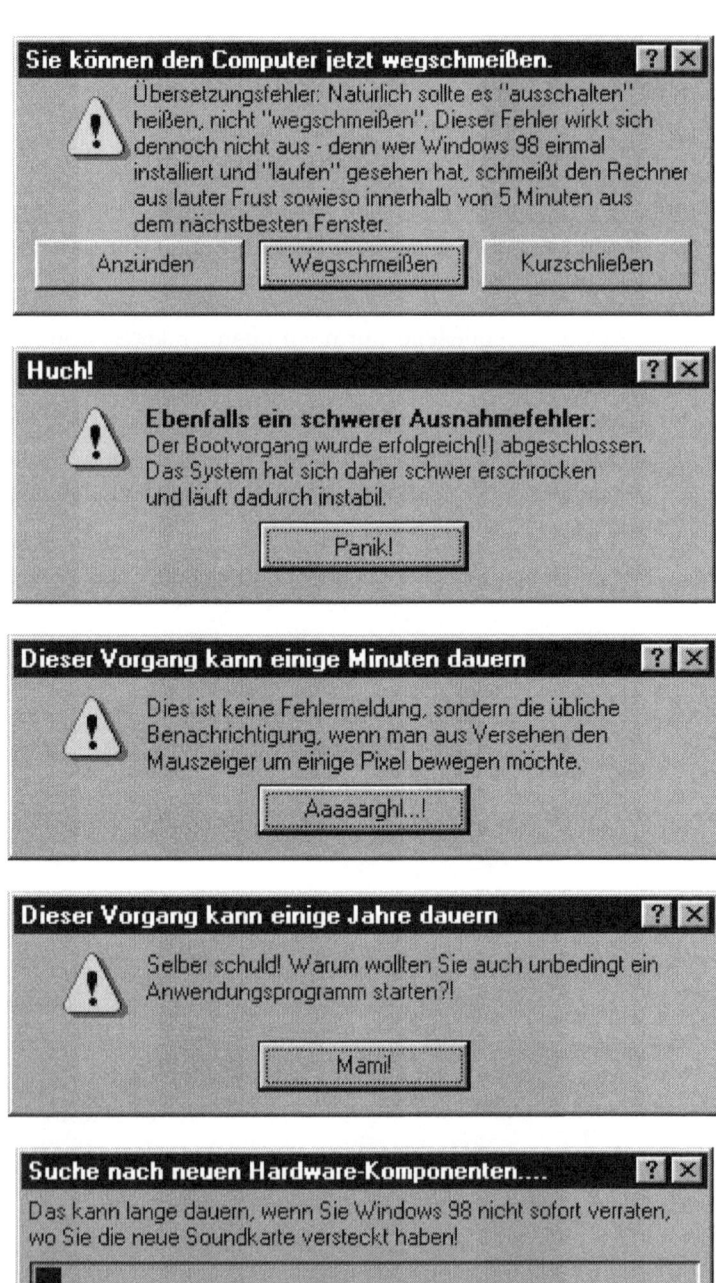

Sie können den Computer jetzt wegschmeißen. ? X

Übersetzungsfehler: Natürlich sollte es "ausschalten" heißen, nicht "wegschmeißen". Dieser Fehler wirkt sich dennoch nicht aus - denn wer Windows 98 einmal installiert und "laufen" gesehen hat, schmeißt den Rechner aus lauter Frust sowieso innerhalb von 5 Minuten aus dem nächstbesten Fenster.

[Anzünden] [Wegschmeißen] [Kurzschließen]

Huch! ? X

Ebenfalls ein schwerer Ausnahmefehler:
Der Bootvorgang wurde erfolgreich(!) abgeschlossen. Das System hat sich daher schwer erschrocken und läuft dadurch instabil.

[Panik!]

Dieser Vorgang kann einige Minuten dauern ? X

Dies ist keine Fehlermeldung, sondern die übliche Benachrichtigung, wenn man aus Versehen den Mauszeiger um einige Pixel bewegen möchte.

[Aaaaargh!..!]

Dieser Vorgang kann einige Jahre dauern ? X

Selber schuld! Warum wollten Sie auch unbedingt ein Anwendungsprogramm starten?!

[Mami!]

Suche nach neuen Hardware-Komponenten.... ? X

Das kann lange dauern, wenn Sie Windows 98 nicht sofort verraten, wo Sie die neue Soundkarte versteckt haben!

22

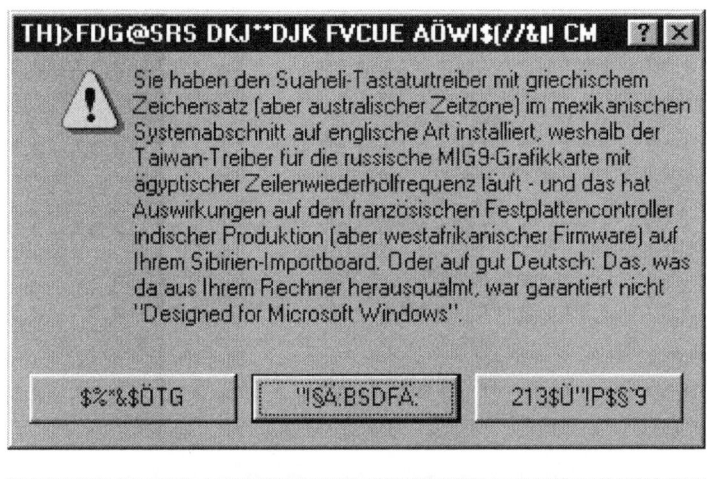

TH]>FDG@SRS DKJ**DJK FVCUE AÖWI\$[//&I! CM `?` `X`

Sie haben den Suaheli-Tastaturtreiber mit griechischem
Zeichensatz (aber australischer Zeitzone) im mexikanischen
Systemabschnitt auf englische Art installiert, weshalb der
Taiwan-Treiber für die russische MIG9-Grafikkarte mit
ägyptischer Zeilenwiederholfrequenz läuft - und das hat
Auswirkungen auf den französischen Festplattencontroller
indischer Produktion (aber westafrikanischer Firmware) auf
Ihrem Sibirien-Importboard. Oder auf gut Deutsch: Das, was
da aus Ihrem Rechner herausqualmt, war garantiert nicht
"Designed for Microsoft Windows".

| \$%*&\$ÖTG | "!§A:BSDFA: | 213\$Ü"!P\$§'9 |

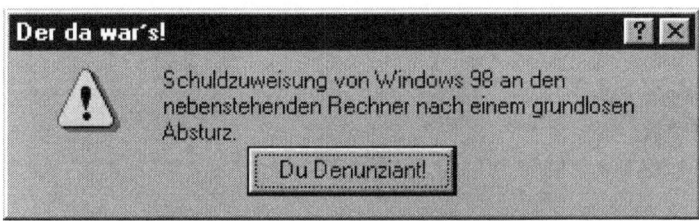

Der da war's! `?` `X`

Schuldzuweisung von Windows 98 an den
nebenstehenden Rechner nach einem grundlosen
Absturz.

Du Denunziant!

Möchten Sie wirklich abbrechen? `?` `X`

| Ja | Nein |

Egal, weshalb diese Meldung erscheint - bestätigen Sie sie grund-
sätzlich mit ›Ja‹! Denn was immer Windows 98 da verzapft haben
mag, es *kann* gar nicht gut sein. Also lieber abbrechen, bevor ein
Unglück geschieht!

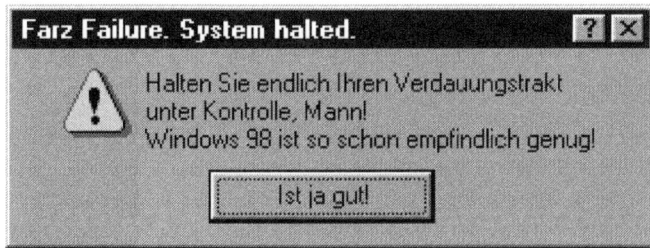

Farz Failure. System halted. `?` `X`

Halten Sie endlich Ihren Verdauungstrakt
unter Kontrolle, Mann!
Windows 98 ist so schon empfindlich genug!

Ist ja gut!

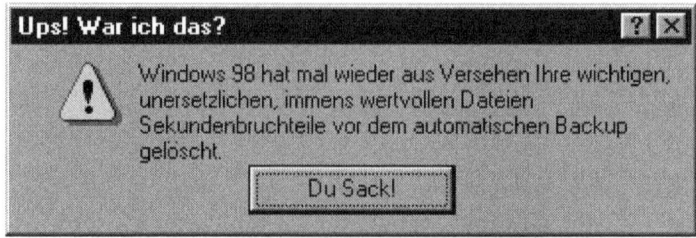

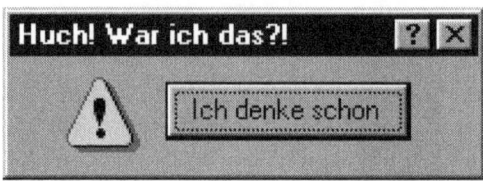

Ihr Ausruf nach dem Zertrümmern des Computers aufgrund obiger Fehlermeldung.

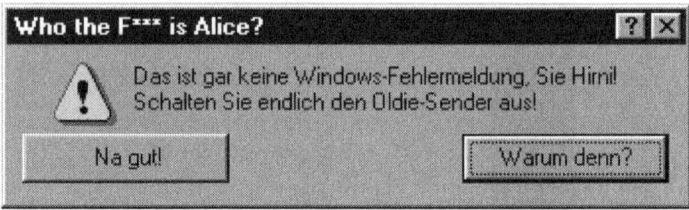

Plädoyer für Blondinen

Seit einigen Jahren, ja Jahrzehnten, hält sich hartnäckig das Gerücht, Blondinen seien - um es einmal drastisch auszudrücken – saublöd. Doof. Plem-Plem. Balla-Balla. Hi-Hi. Ho-Ho. Wer sich aber die Mühe macht und genauer hinsieht, stellt überrascht fest: Blondinen sind gar nicht doof! Nein, sie denken nur langsamer. Sehr viel langsamer.

Ein Beispiel: Stellen Sie laut die Frage:»Was ist drei plus drei?« in den Raum. Aus so ziemlich allen Himmelsrichtungen wird es Ichnen vieltausendfach entgegenschallen:»Sechs!« Oder»Sechs Komma drei!« Oder zumindest»Was soll der Scheiß?«
Aus der Ecke, in der sich die Blondinen tummeln, kommt dagegen»Ääääähhhh ...«
Daraufhin klatscht der Rest der Anwesenden mit der flachen Hand gegen die Stirn und taumelt orientierungslos von einem Lachanfall zum nächsten. Mann, ist die doof!
Bei näherem Hinsehen offenbart sich dem geneigten Leser dagegen die wahre Tragödie in dieser Antwort: Nein, die Blondinen waren nicht zu blöd, um zu antworten, sie waren schlicht zu langsam. Während sich die anderen längst dem Höherprozentigem zuwenden, kriecht in den Hirnwindungen der blondgelockten Schönheiten immer noch das Anfangsfragment der Frage umher:»Was ...«
Instinktiv wissen sie, dass jede Antwort nur zu spät kommen kann. Lediglich dem Wunder der Evolution ist es zu verdanken, dass in einer Art Ur-Reflex der Mund geöffnet und ein unartikulierter Laut ausgestoßen wird, um zumindest den Versuch einer Antwort vorzutäuschen. Was sie aber nicht davon abhält, weiterhin die Antwort zu suchen und womöglich sogar dem verblüfften Gegenüber etwa drei Stunden später zu präsentieren: Handschuh!
Die Antwort ist zwar falsch, aber immerhin ist es eine Antwort, auch wenn die passende Frage dazu vermutlich erst in einem späteren Leben der Blondine gestellt wird.
Das war ein klassisches Beispiel, wie die Trägheit der Blondinen zu falschen Schlüssen führt: Blond ist nicht blöd, sondern langsam!

Es gibt allerdings auch Situationen im Leben einer Blondine, in der ihr gerade diese verfluchte Langsamkeit das Leben retten kann.

Nehmen wir an, eine Blondine steht mit ihrem PKW an einer Kreuzung (Schwer vorstellbar, sicher, aber seit das Führerschein-Verbot für Blondinen EU-weit gelockert wurde, ist auch dies im Bereich des Möglichen). Die Ampel zeigt Rot.

Urplötzlich und völlig unerwartet für die Fahrerin springt die Ampel auf Grün. Diese Information fliegt mit Lichtgeschwindigkeit zu den Rezeptoren in der Netzhaut der Blondine, um dort in Nullkommanix auf Schneckentemponiveau gedrosselt zu werden (Nur wer einmal in einer tausendstel Sekunde von Warp vier auf Fußgängertempo abbremsen musste, um einem klingonischen Kriegsschiff nicht die Vorfahrt zu nehmen, weiß, was das bedeutet!). Diese neue Information also kriecht langsam gen Stammhirn.

Der Porsche 911-Besitzer hinter der Blondine ahnt von alledem nichts und wird zusehends nervöser. Scheiße, das war jetzt schon die zwölfte Grünphase! Dem Burschen wird's schließlich zu bunt, also drückt er auf die Tube und heizt mit quietschenden Reifen an der Blondine vorbei, nicht ohne dabei den wohl längsten Effenberg der Welt zu präsentieren.

In dieses Quietschen mischt sich das Radieren schwerer Zwillingsreifen, und 11.000 Kilo Haarfestiger auf einem Sattelschlepper mit schlafendem Fahrer rasen nahezu ungebremst in den 911. Während das unfreiwillige Gespann mit achtzig Sachen im nächsten Friseurladen landet, nicht ohne dabei die wohl längste Bremsspur der Welt zu präsentieren, schleicht das Lichtsignal der Verkehrsampel weiterhin in Richtung Großhirnrinde, nicht wissend, wann und ob es überhaupt jemals irgendwo ankommt.

Auch wenn es die blonde Schönheit im ersten Augenblick nicht registriert: Mutter Natur hat ihr soeben das Leben gerettet! Trägheit sei Dank, kann sie weiterhin an der Ampel stehen und auf den nächsten 911 warten. Die Ampel zeigt sowieso schon wieder Rot.

Diese beiden Beispiele zeigen ganz klar: Das Vorurteil, Blondinen seien blöd, beruht ausschließlich aus der Unkenntnis der inneren Abläufe im Denkapparat dieser Mitgeschöpfe.

Mit diesem Wissen ausgestattet, können wir jetzt verständnisvoller mit diesen Wesen umgehen und sie richtig einordnen. Nun können wir mit der flachen Hand gegen die Stirn klatschen und wissend ausrufen:»Mann, ist die träge!«

Danach können wir ja immer noch ergänzen:»... und blöde!«

Blagen-Wahn

Kennen Sie das? »Buäääääh!!!«, oder »Mamaaaaaaaa! Haben! Haben!«, oder »Ich muss Pipi! Huhuhuuuuuuu ...«

Es ist jedes Jahr dieselbe verfluchte, unerträgliche Kreischerei der Kleinkinder, die beim vorweihnachtlichen Geschenkeinkauf sämtliche Umstehenden zur Weißglut bringen, nur weil sie das Snickers an der Kasse zum Verrecken nicht wieder rausrücken wollen, welches seit zehn Minuten völlig aufgeweicht in der Kleinkindhand wegschmilzt. Es ist pervers genug, dass die Eltern ihre Schreihälse überhaupt zum Kaufmarathon mitbringen, aber der Babysitter wird schon wissen, warum er ihnen die Blagen nicht abnimmt ... (Der Gesetzgeber allerdings nicht, sonst wäre der Gebrauch von schweren Handfeuerwaffen als adäquates Mittel zur Ruhigstellung aufmüpfiger Nervensägen schon längst erlaubt!)

Also kann man sich entweder in sein Schicksal ergeben und sich die Ohren künstlich veröden lassen – oder ATTACKE! lesen!

Denn hier sind sie, die sechs ultimativen Brüllbremsen für alle, die den Einkauf noch vor sich haben oder einfach nur Gefallen daran finden, den Gören mal so richtig zu zeigen, wo der Hammer hängt.

Wie sagt man so schön? Bitte bedienen Sie sich!

1.) Tampon-Taktik

Stopfen Sie den Brüllern den Hals! Und zwar mit XXL-Tampons für die schweren Tage. Sauber und diskret. Einfach rein in den Hals bis zum Anschlag, und jedes Mal, wenn der Kreischvorgang einsetzt, tröpfeln Sie etwas Testflüssigkeit auf den Watteberg, der aus dem weit aufgerissenen Mund Ihres Nervtöters quillt. Dann kriegen nicht  Sie einen dicken Hals, sondern der Lärmverursacher.

Formschön anzusehen, und Sie glauben gar nicht, wie schnell Ruhe in der Butze herrscht!

2.) Der da war's!

Was wünscht man dem Nervtöter außer einem raschen Ableben sonst noch an den Hals? Richtig: Einzelhaft! Weg mit dem Dreck! Also behängen Sie ihn wie einen Weihnachtsbaum mit teurem Schmuck, Deo und Uhren bis zum Abwinken, halten ihn in die Überwachungskamera hoch, und schicken ihn dann».... mal kurz in den Laden gegenüber, ich habe da was vergessen!«
»Was denn, Mutti?«
»Weiß ich nicht, irgendwas, aber es war schrecklich wichtig.«
»Okay ...«
Während der Kleine lostrottet, zwölf Türalarmanlagen auf einmal auslöst und aufgrund des immensen Warenwertes, den er so offensichtlich, dreist und unverfroren klauen wollte, vom Schnellrichter in Einzelhaft genommen wird, können Sie auf die Frage »Ist das ihr Sohn?« beruhigt mit »Nein, habe ich noch nie gesehen, diesen Rotzlümmel. Aber er war's, ich hab's genau gesehen!« antworten und Ihre Einkäufe in den nächsten Tagen gelassen erledigen.

Irgendwann fällt Ihnen dann wieder ein, dass es doch Ihr Sohnemann ist, und holen ihn kostenlos ab - denn man wird froh sein, ihn loszuwerden!

3.) Weltreise

Für jeden Schreihals ist der Trip in die City eine richtige Weltreise, schließlich hat er bis auf den vollgepissten Kindergarten-Sandkasten und den kümmerlichen Kleingarten kaum die Außenwelt erkundet. Dabei weiß der Phonerzeuger doch eigentlich gar nicht, wie groß die Welt wirklich ist! Geben Sie ihm also einen echten, unverfälschten Eindruck von dieser Weite, und spielen Sie mit ihm ›Endstation Babenhausen Süd‹.
»Na, mein Kleiner, wollen wir spielen?«
»Au ja! Spielen, spielen, spielen!«
»Gut. Siehst du da vorne den großen, roten Bus?«
»Ja! Ja! Spielen! Spielen!«
»Schön. Da gehst du jetzt rein, ich zähle bis zehn, und dann suche ich dich!«

»Au ja!«

Der Kleine flitzt los, setzt sich in den Bus - natürlich ohne zu be-
zahlen - und während Sie in aller Ruhe einkaufen gehen, zählen
Sie bis 12.358.496.741.596, um den Filius anschließend beim
Fundbüro abzuholen.

Das ›erhöhte Fahrgeld‹ ziehen Sie ihm natürlich vom Taschen-
geld ab, so eine Weltreise ist schließlich nicht billig!

4.) Highscore

Jeder kleine Pisser weiß, wie man ein Gamepad bedient, ist aber
nicht in der Lage, kleckerfrei ein Glas zu leeren oder sein Maul zu
halten - außer, er hält ein Gamepad in seinen Händen und glotzt
wie ein Geisteskranker auf den Videomonitor. Das kann man ein-
kauftechnisch ausnutzen, schließlich hängt überall in den Kauf-
häusern so ein Demo-Apparat herum.

»Schau mal! Da läuft gerade ›Mops Raider IV‹!«

»Kenn ich schon.«

»Echt? Kannst du das gut?«

»Na klar!« tönt der Nachwuchsgamer mit stolzgeschwellter Brust.

»Wirklich?«

»Na logisch ...«

»Kannst Du auch 16.777.216 Runden durchhalten? Dann soll ein neuer Super-Mega-Mops-Level erscheinen!«

»EEEECHT???«

»Jep.«

»GEIL!!! Das mach' ich! Darfst aber nicht gucken!«

»Okay, denn gehe ich so lange Einkaufen ...«

»Jaja ...«

Der Blödian weiß natürlich nicht, dass der Rundenzähler der 32-Bit-Konsole nur bis 16.777.215 kommt, aber die Glotzaugen, die er beim Zählerüberlauf macht, sollten Sie schon mit der Videokamera festhalten ...

5.) Studenten-Terror

Fast ebenso nervig wie die Gören sind die Studenten, die ihr jämmerliches BAföG mit der Darstellung des Weihnachtsmannes mitten in der Fußgängerzone aufpäppeln wollen. Sie stehen immer mitten im Einkaufsstrom und stellen so das größtmögliche Hindernis dar, welches einem begegnen kann.

Hier kann man nur Feuer mit Feuer bekämpfen! Sagen Sie dem kleinen Nervtöter einfach nur: »Schau mal, da ist der Weihnachtsmann!«

»Oooohhhh ...«

»Der ist diesmal sogar echt!«

»Ooooooohh ...«

»Guck mal, dieser große Sack ...«

»Oooooohhhh ...«

»Ich glaube, er hat schon Geschenke dabei ...«

»Oooooohhhh ...«

»Auch deine ...«

»HABEN, HABEN, HABEN!!!«

Jetzt ist der kleine Racker nicht mehr zu bremsen. Er rast wie eine Dampfwalze auf den mittellosen Studenten zu, der mit freundlichem »Ho, ho, ho!« noch gar nicht kapiert hat, was ihn da eigentlich erwartet, springt ihn an, und krallt sich erbarmungslos fest: »ICH WILL MEINE GESCHENKE!!!«

»Ho, ho, ho ...«

»Scheiß ›Ho-ho-ho‹! Geschenke, und zwar jetzt!«

»Aber ...«

»Aaaaaaaaaaaahhh! Geschenke!!!«

Der Student wurde von Karstadt engagiert, um für Ruhe und besinnliche Stimmung zu sorgen - jetzt herrscht das blanke Chaos.

Während sich Weihnachtsmann und Blag auf dem Boden wälzen und wüst beschimpfen, können Sie in Ruhe einkaufen gehen - und anschließend sogar noch für den Schaukampf Geld abzokken...

6.) Blagen-Punsch

Weihnachtszeit, Glühweinzeit. Überall Stände mit dem warmen Gesöff; schade nur, dass die ruhigstellenden Eigenschaften des Weines nicht am Permanent-Brüller ausprobiert werden dürfen ...

Es sei denn, Sie vereinbaren mit dem Besitzer (gegen geringes Entgelt, das sich aber für einen störungsfreien Einkauf allemal bezahlt macht) einen speziellen »Kinder-Punsch mit Schuss«, der neben harmlosen Inhaltsstoffen beispielsweise neunzigprozentigen Jamaica-Rum enthält.

Während sich der blau angelaufene Nervtöter bei einer zünftigen Alkoholvergiftung im Krankenhaus den Magen auskotzt, können Sie in aller Ruhe einkaufen; und so dem Kind schon jetzt zeigen, was ihn später an jedem Wochenende erwartet, wenn es im Party-Alter ist!

»Learning by doing« ist halt immer noch die beste Methode.

Kretschmer

Hauptpost Bielefeld, Naharyastraße, sechs Uhr dreißig. Die Sendungen werden auf die einzelnen Postboten verteilt:
»Jöllenbeck!«
»Hier.«
»Schildesche!«
»Hier.«
»Innenstadt!«
»Hier.«
»Pusemuckel!«
»Hahaha ... guter Witz, Chef!«
»Kriegt euch wieder ein, Jungs. Also, weiter im Text: Baumheide!«
»Hier.«
»Sieker!«
»Hier.«
»Bethel!«
»Glglglglg ... Aaaarrgh ...«
»Lasse ich gelten. Baumheide!«
»Hier.«
»Ubbedissen!«
»Hier.«
»Oldentrup!«
»Hier.«
»*Kretschmer*!«
»...« Nichts. Kein Laut, alles schaut verlegen weg.
»Dachte ich mir. Also weiter: Leop ...«
Weiter kommt er jedoch nicht: »... *Hier!*«
Der Chef stiert ungläubig in die Menge. Das gab's doch noch nie!
»Hat jemand bei *Kretschmer* ›Hier‹ gesagt?«
»*Ja! Ich!*«
»Moment, Moment, ganz ruhig Leute, keine Panik. Also, noch einmal: *Kretschmer*!«
»*Hier ...!*«
Allen stockt der Atem.
Stille. Und zwar nicht irgendeine Stille, nicht die Stille im Wartezimmer eines Zahnarztes, nicht die Stille beim einsamen Wasserlassen auf dem heimischen Klo, nicht die Stille nach dem heimlichen Furzen im Aufzug, sondern *die* Stille. Absolute Stille. Man

könnte eine Atombombe fallen hören, so leise ist es auf einmal: *Kretschmer*! Ein Name, eine Legende, eine einzige, verfluchte Scheiße.

Kretschmer! Niemand hat dort bislang eine Sendung zustellen können: Stacheldraht, Pitbull, Wassergraben, Selbstschussanlagen ... Der Teufel kann nicht anders heißen.

Kretschmer! Eine Frontsau der allerhärtesten Sorte, Jahrgang '33, hat alles mitgemacht und nur spöttisch darüber gelacht. »Harharhar ... Napalm, na und? Endlich was für meine Marsh-Mallows!«

Kretschmer! Synonym für zerfetzte Beinkleider, zerstückelte Wurfsendungen und monatelange Krankenhausaufenthalte neben senilen Sabberheinis.

»Hier! Ich will versuchen, einen Brief bei *Kretschmer* zuzustellen.«

»Ist aber ein Päckchen.«

»Egal. Ich will's wissen!«

»Ich hoffe du weißt, auf was du dich da einlässt, Junge.«

»Yep.«

»Dann muss mich jetzt erst einmal setzen. Meier, ich brauche einen Doppelten. Nein, Dreifachen. Sofort!«

»Es ist noch nicht einmal sieben Uhr, Chef ...«

»Egal, her damit ... pronto! Das muss ich erst einmal verarbeiten. Der Kerl will doch wahrhaftig zum *Kretschmer* ...«

Ein Raunen geht durch die Menge, Satzfetzen dringen durch: »... Wahnsinn ..., der Bursche ist wahnsinnig ..., kirre ...!«

»... *Kretschmer*! Zum *Kretschmer*! Warum nicht gleich ein Einschreiben direkt in die Hölle???«

»... ich kündige. Das machen meine Nerven nicht länger mit, ich kündige ...«

»... welche Farbe sein Sarg wohl haben wird? ...«

»... ist das der Neue? Wenn ja, ist er bald der Alte!«

»... hahahahaha ..., zum *Kretschmer* ..., hahaha ..., hahahaa!«

Aber der Todesmutige lässt sich nicht beirren. Der Chef nimmt seinen dritten Dritten, und nachdem sich sein Herzschlag auf normale Pulsfrequenz reduziert hat, fragt er: »Wie heißt du, mein Junge?«

»Dieter-Oliver Ohnsorg, geb. Moshage. Nennen sie mich einfach DOOM.«

»Guter Name! Schießt der auch?«

»Vermutlich nicht.«

»Aber du weißt, dass du wahrscheinlich nicht den Hauch einer Chance gegen *Kretschmer* haben wirst?«

»Yep.«

»Also?«

»Das ist doch der Trick: Er wird mit Panzern, Kampffliegern, schwerer Artillerie und den Zeugen Jehovas rechnen, aber niemals mit einem einfachen Postboten!«

»Hmmmm ...«

»Nur eine Bitte, Chef.«

»Welche?«

»Das Paket ist doch bestimmt ziemlich schwer ...«

»Hmmm ...«

»... und kantig ...«

»Hmmm ...«

»... und wuchtig ...«

»Hmmm ...«

»... und sperrig ...«

»Ich verstehe.«

Ein anerkennendes Lächeln umspielt die Lippen des Chefs: »Du hast recht; alleine kann man so einen Brocken niemals zustellen. Du brauchst einen Partner für diesen Einsatz!«

Der Chef steht auf und wendet sich der Menge zu: »Hört mal zu,

Jungs! DOOM braucht einen Partner für diese Zustellung! Also, wer meldet sich freiwillig???«

Keiner meldet sich.

»Es gibt 3 Wochen Sonderurlaub!«

»Hahaha ... Ich weiß, Chef: Im Krankenhaus!«

»Jetzt stellt euch nicht so an! Also, wer von euch hat noch den Mut, das letzte Abenteuer der Menschheit zu bestehen?«

»*Ich.*«

Die gesamte Menge dreht sich ungläubig um und starrt auf den mächtigen Schatten, der in der Tür steht. Wer, zum Teufel, ist das nur?

Der Chef kneift die Augen zusammen: »Wie heißt du, mein Junge?«

»Heinrich Ebert Louis Lexmaul. Nennen sie mich einfach HELL.«

»Guter Name! Legt der auch Tellerminen?«

»Wohl weniger.«

»Aber du weißt, dass dies ein Himmelsfahrtsunternehmen ist?«

»Genau deshalb mache ich mit.«

»Hört euch das an, Leute! *Das* ist die richtige Einstellung!«

Der Chef winkt die beiden näher zu sich heran. »Also, euer Plan?«

»Kein Plan. Wir werden ihm einfach ein Paket zustellen, das sich gewaschen hat!«

DOOM und HELL nicken sich zustimmend zu: »Genau! Also, ab dafür!«

Während sich die Menge teilt, um den beiden Heroen den Weg freizumachen, kontrollieren DOOM und HELL im Herausgehen ihr Waffenarsenal.

»Okay, DOOM, dann zeig mal, was du hast!«

»Hier: Plasma-Pupser, Mörsermutti, ...«

»Mörsermutti?«

»Gefüllte Barbie-Puppe mit Handgranate. Toys-R-Us, Sommer-Schlussverkauf.«

»Granatenstark!«

»Man muss auf dem Grabbeltisch eben nur ganz unten anfangen zu suchen.«

»Astrein, Alter. Und sonst?«

»Kurzstrecken-Intensivmiefer, Kaskadenwatscherl ..., ausschließlich allerneueste Produktion. Und was zeigt dein Waffenarsenal?«

»Du wirst Augen machen: Pipiblocker, Wohnraumverduster, Transparente Permanentpleite mit Fernauslöser, Peng-Pappi, ...«

»Peng-Pappi?«

»Gefüllter Ken mit Nitroglyzerin. Obi, Sonderangebot. Da musste ich einfach zugreifen.«

»Klar. Und sonst?«

»Schleimschleuder, Senilitätsaktivierer, Kreuzkonfuser, Sodbrenner ... alles, was das Herz begehrt!«

»Wow, das Sortiment hat's in sich ...«

»... und wartet nur auf *Kretschmer*!«

Gemeinsam fallen sie in ein heiseres, krächzendes, fieses, gemeines, furchteinflößendes, grollendes, erschreckendes, unheimliches, wahnsinnig wahnsinniges *Kretschmer*-wir-kriegen-dich-Lachen ein:

»Harharhar ... *Kretschmer*, wir kriegen dich! Harharhar ...!«

Das Haus von *Kretschmer* sieht auf den ersten Blick völlig gewöhnlich aus: Nebelschwaden umwabern das Gemäuer, Heerscharen von Fledermäusen schwirren um das, mit schwarzen Pfannen bedeckte Dach, ein blubbernder Sumpf liegt träge inmitten der Vorgartens, tiefrot glimmende Pitbull-Augen blicken finster aus dem Hundezwinger, Fetzen von alten Postbediensteten-Uniformen hängen im meterhohen Stacheldraht, der Wassergraben ist mit Tausenden ausgehungerter Piranhas bis zur Oberkante gefüllt, und die Selbstschussanlagen knallen sich regelmäßig selbst über den Haufen, so sensibel sind sie eingestellt. Ein völlig normales Einfamilienhaus also - wäre da nicht ...

»Irgendetwas stimmt hier nicht, DOOM!«

»Ich weiß, was du meinst ... einer der Piranhas scheint satt zu sein!«

»Nein, nein, nicht das.«

»Verstehe. Die ungewöhnlich gewöhnliche Farbe der höchst aussergewöhnlich gewöhnlichen Dachpfannen?«

»Nein, nein ...«

»Jetzt hab ich's: Der Briefkasten! Da passt nie und nimmer eine gewöhnliche 300kg-Express-Wurfsendung mit hundertzwanzig Stundenkilometern durch!«

»Quatsch! Das auch nicht.«

»Dann kann's nur noch eines sein: Der Käsecracker auf der Veranda!«

»Exakt. Ein stinknormaler Käsecracker - das riecht doch drei Meilen gegen den Wind!«

»Eben. Wenn's eine Pommes rot-weiß wäre oder ein Stück Schwarzwälder Kirsch ...«

»Aber ein Käsecracker! Jungejunge, das wird hart ...«

»Er weiß, dass wir kommen. Das ist reine Provokation! Lass dir einfach nichts anmerken.«

»Okay. Also, dein Plan?«

»Erst antäuschen, dann subversiv aufteilen, ich rechts um die Ekke, du linkswinklig schräg kursiv vorbei an der Hecke, dann überwiegend quer watschelnd und dabei gleichzeitig das Überraschungsmoment ausnutzend, während ich synchron den rechten Flügel massiv abdecke und simultan dazu die linke Türklingel fixiere, gleichzeitig aber die ersten Spuren verwische, um uns einen Vorsprung zu geben, während du total überzeugend ...«

»Mach's kurz!«

»Gut: Einfach ab durch die Mitte!«

DOOM zaubert ein Megaphon aus der Tasche: »*Kretschmer*! Komm raus, du Amöbe! Wir wissen, dass du da drin bist!«

HELL staunt nicht schlecht: »Hey, das neueste ›30 Megaphon Gehörgang-Blaster‹ Modell der Typhoon-Serie! Wo hast du das denn her?«

»Na, wozu arbeitet man bei der Post? Muss Frau Muckefuck aus Würgerstadt eben eine neue für die Südtribüne beim Fiasko-Fan-Versand bestellen!«

»Hast recht, ist schon verdammt unsicher, der Postweg heutzutage. Was da alles so in unseren Taschen verschwindet ...«

Weiter kommen die beiden mit ihrer Diskussion über schwarze Löcher auf dem Postversandweg nicht, denn die Antwort *Kretschmers* fliegt ihnen klirrend aus dem geschlossenen Wohnzimmer-Fenster entgegen: Ein noch vibrierender, stinkender XXL Anal-Intruder von Eisen-Karl mit der hastig hingekrakelten Aufschrift: »Mich kriegt ihr nicht, ihr Postsäcke!«

HELL reagiert sofort: »Vorsicht, DOOM! Das Ding ist geladen - und stinkt verdammt unangenehm. Schnell, den Plasma-Pupser!«

»Alles klar!«

DOOM hechtet aus der Flugbahn des Miefgeschosses und wirft HELL den Plasma-Pupser zu: »Schnell, mach sie alle, bevor sie auf dem Boden auftrifft! Das ist eine getarnte Luft-Boden-selbstlenkende-findet-jeden-Arsch-Rakete!«

HELL lädt den Plasma-Pupser und feuert eine volle Salve auf den gefährlich nahen Anal-Intruder ab. Aus den Rohren entweicht eine gallertartige Glibbersubstanz, die sich sofort in eine Miefwolke verwandelt und den Anal-Intruder gezielt einnebelt. Dieser ist schon einiges gewohnt, aber dem höllischen Gestank einer Plasma-Pupswolke ist selbst sie nicht gewachsen. Völlig aus dem Konzept gebracht, torkelt sie sinnlos umher und explodiert schließlich irgendwo in einem kürzlich neueröffneten McDonalds irgendwo im Hinterland. Dort fällt der Einschlag allerdings nicht auf, denn gegen das, was aus der Küche eines Schnellrestaurants müffelt, ist ein Anal-Intruder ein feuchter Schmutz.

»Das war knapp! Fällt dir etwas auf, HELL?«

»Der Intruder war von Eisen-Karl! Also ist er doch von der anderen Seite des Ufers ...«

»Das auch! Aber hast du die Schrift gesehen? Die war derart verwackelt - wir haben *Kretschmer* wirklich überrascht!«

»Ich will ja nicht wissen, wobei ... also los, wir müssen diesen Vorteil ausnutzen!«

Beide springen auf und rennen zum Haus *Kretschmers*. Keuchend wendet sich HELL an DOOM: »Wie überwinden wir den Stacheldraht??«

»Gar nicht! Wir sprengen ihn weg. Los, nimm den Peng-Pappi!«

»Okay ...«

HELL zieht am Zipperl vom Peng-Pappi, woraufhin ein Grinsen auf dessen Gesicht anzeigt, dass er scharf ist.

»Aus der Wurflinie, HELL!«

HELL duckt sich, und DOOM schmeißt Peng-Pappi direkt auf

den Stacheldrahtzaun. Sekundenbruchteile später explodiert Ken mit einem ohrenbetäubenden »Oha ...!«

»Okay, das wäre geschafft. Aber wie erledigen wir die Selbstschussanlagen?«

»Ganz einfach: So!«

Im Laufen aktiviert HELL den Kreuzkonfuser und schmeißt ihn in Richtung Mündungsrohr der nächstgelegenen Selbstschussanlage.

»Das Ding simuliert 9.325.522.683.494.127.603.165.345.688 Komma zwei Feinde auf einmal! Das verwirrt garantiert jede Zielvorrichtung ...«

»Und das funktioniert?«

»Abwarten ...«

Auf einmal zittern die Mündungsrohre, und aus der Zielelektronik kommen Geräusche, die sich fast anhören wie »Hä?«, »Was? Wo?«, »Äääähhh ...«, »Moment ...«, »Wo, zum Teufel ...«, und schließlich steigt nur noch Qualm aus den Mündungsrohren auf.

»Klasse, HELL!! Funktioniert ja wirklich!«

»Jep. Aber da hinten kommt unser nächstes Problem angewetzt ...«

»Der Pitbull! Damned!«

»Keine Panik. Hunde sind bissig, aber blöde. Watch this!«

HELL entriegelt den Senilitätsaktivierer und zielt auf den kläffenden Pitbull: »Nimm das, du senile Töle!«

Mit einem leisen ›PLOP‹ löst sich ein Paket und fliegt auf den Pitbull zu.

»Was ist da drin?«

»Kukident 3 Phasen Tabs, Ilja Rogoff Knoblauchpastillen, Wärmepflaster, Heizkissen, Rheumadecken, drittes Gebiss mit einer Familienpackung Haftcreme, Odol Atemfrisch Konzentrat, Gutschein für eine Verkaufsreise in den Schwarzwald, und, und, und ... das volle Programm!«

Der Pitbull stürzt sich auf das Paket und zerreißt es in der Luft, schnappt danach und verschlingt gierig alles, was sich ihm bietet. Angestachelt von dem Angriff, fletscht er seine Zähne und kommt noch schneller angerannt.

»Wann wirkt das Zeugs, HELL?«

»Bald.«

Der Köter ist hundert Meter entfernt.

»Wie bald, HELL?«

»Sehr bald.«

Der Pitbull ist fünfzig Meter entfernt.

»Wie bald ist sehr bald?«
»Ziemlich bald.«
Noch fünfundzwanzig Meter.
»Ich will ja nicht meckern, aber ...«
»Ruhig bleiben ...«
Noch fünfzehn Meter!
»War auch garantiert nichts davon über dem Mindesthaltbarkeitsdatum?«
»Habe ich selber überprüft.«
Noch zehn Meter.
»Jetzt könnte es aber wirklich bald wirken ...«
»Jaja ...«
Noch fünf Meter!
»HELL?«
»Ja?«
»Wirkt's bald?«
»Sicher.«
Noch ein Meter!
»... HELL?«
»Ja?«
»Wann wirkt da ...«
Weiter kommt DOOM nicht: Der Pitbull setzt zum Sprung an, spannt seine Muskeln und hechtet DOOM an die Kehle. DOOM wird kreidebleich.

Doch da, mitten im Flug, setzt die Wirkung ein: Dem Pitbull fallen plötzlich die Zähne aus, aufgequollene Tränensäcke vernebeln die Sicht, Falten ziehen sich über den Körper, er zittert vor Kälte und weiß nicht mehr, wo er ist - derart benommen klatscht er nur noch gegen den Hals von DOOM und fällt zu Boden, wo er in Heizdecken eingewickelt zu seinem Zwinger trottet.

»Puhhhh ..., das war knapp!«
»Eine der Knoblauchpillen-Packungen war wohl doch abgelaufen ...«
»Egal, weiter! Was machen wir mit dem Sumpf?«
»Tja ... gute Frage. Ach, ich sprenge ihn einfach mit der Mörsermutti weg, basta. Deckung!«

HELL schärft die Barbie-Puppe, indem er ihr etwas Schweinisches ins Ohr flüstert, und wirft sie in den Sumpf. Kurz darauf explodiert Barbie mit einem ohrenbetäubenden »Oooh!«, und macht so den Weg zum Anwesen frei - nur noch der Wassergraben ist jetzt im Weg!

Kretschmer ist fast zum Greifen nahe ...

»Was machen wir mit den Piranhas, HELL?«
»Piranhas sind auch nur Menschen. Also müssen diese Viecher ebenfalls austreten - oder wie das bei Fischen heißen mag. Obacht jetzt!«
HELL schraubt die Flasche Pipiblocker auf und kippt den gesamten Inhalt in den Wassergraben. Kurz darauf fangen die ersten Piranhas an, nervös hin und her zu schwimmen, immer mehr Bewegung gerät in den Schwarm, plötzlich bekommen alle große Fischaugen und zappeln hypernervös an der Oberfläche herum.
»Sa-gen-haft! Das Zeugs wirkt sogar bei Fischen! Habe das ja erst nur bei Nachbars Goldhamster getestet und war mir nicht sicher, ob das funktioniert ...«
»Das ist der richtige Zeitpunkt, um den Graben zu überqueren. Die Fische haben jetzt andere Sorgen, als auch nur irgendeine Form von Nahrung aufzunehmen! Los ...!«
Die beiden waten über den randvollen Graben zur Eingangstür und lauschen daran.
»Nichts zu hören! Was geht da drin vor?«
»Das ist mir scheißegal! Wir müssen das Paket zustellen. Egal, was da drinnen ist, wir gehen da jetzt rein! Los, du trittst die Tür ein, und ich feuere alles ab, was wir noch haben!«
»Okay ... tritt zur Seite!«
HELL tritt beiseite, und DOOM nimmt Anlauf, um die Tür einzutreten. Sekunden später mischt sich in das Krachen splitternden Holzes das Salvenfeuer vom Kurzstrecken-Intensivmiefer, dem Kaskadenwatscherl, dem Wohnraumverduster, der transparenten Permanentpleite, der Schleimschleuder und dem Sodbrenner - das gesamte Arsenal wird restlos verpulvert.
»Jaaaaa ... nimm das, *Kretschmer*! Nimm das!«

DOOM und HELL feuern, was das Zeug hält. Als sich der Rauch langsam verzieht, taucht aus den Nebelschwaden *Kretschmer* auf: Aus dem Schrecken aller Postbeamten wurde durch das infernalische Geballer ein stinkender, von Kaskadenwatscherln schwer rotköpfiger, zugeschleimter, von höllischem Sodbrennen geplagter, absolut mittelloser Wicht mit einem Kugelschreiber in der Hand.
»Okay, ihr habt gewonnen. Wo soll ich unterzeichnen?«
»Hier, du Amöbe, genau dort, wo Amöbe steht.«
Kretschmer krakelt eine unleserliche Unterschrift auf den Empfangsschein und watschelt benommen zurück auf den Fernsehsessel.

»Macht die Tür zu, wenn ihr geht.«
»Welche Tür?«
»Irgendeine ...«

DOOM und HELL treten aus dem Haus und verharren andächtig auf der Veranda. Da knirscht es unter den Fußsohlen von DOOM.
»Hey, der Käsecracker! Ich glaube, den haben wir uns jetzt redlich verdient.«
»Das will ich meinen. Los, gib mir die Hälfte.«
»Kein Problem ... hier!«
Genüsslich kauend gehen sie dem Sonnenuntergang entgegen.
»War doch ein Spaziergang! Weiß gar nicht, warum die alle so eine Angst vor *Kretschmer* hatten ...«
»Keine Ahnung, der Cracker schmeckt jedenfalls fabelhaft. Aber sag mal: Warum tickt der eigentlich?«
»Keine A ...«

Kichernd sitzt *Kretschmer* in seinem Fernsehsessel, während ein kurzer, ferner Blitz sein irres Antlitz flüchtig erhellt.
»Zeit, ein neues Paket zu bestellen ...«

Burger Würger

Mal wieder Doppel-Mega-Super-Hastenichgesehn-Wochen beim größten Magenvernichter weltweit: Jetzt in jeder Tüte irgendwas angeblich Genießbares im Doppelpack zum Quadropreis und glatt halbiertem Nährwert - selten hat man mit Müll mehr Geld verdient.

Aber nicht nur die Burger sind hoffnungslos unterqualifiziert, auch das Personal scheint diverse Sekundarstufen verpasst zu haben: »Sie möchten?«

»Sechs McChicken.«

»Sex und Ficken? *Sie Arsch!*«

Der Kunde ist sichtlich irritiert: »Nein, McChicken!«

»Wein und Ficken? Das wird ja immer doller!«

»Okay, ich nehme Salat mit Schinken.«

»Sie nehmen mich von hinten? Das muss ich mir nicht bieten lassen!«

»Ich glaube, sie verstehen mich nicht ganz ...«

»Sie glauben, ich stehe auf ihren Schwanz? *Cheeef! Cheeef! Da ist wieder einer von diesen Perversen!!!*«

»Ich gehe ja schon ...«

»Jetzt steht er schon? *Cheeeeeeef! HILFEEEE!!!*«

Schwerhörig oder einfach nur blöde? Wie auch immer - Sie können sich vorstellen, dass derartiges Personal dem Image nicht gerade förderlich ist. Mit BSE-Klöpsen lässt sich der IQ der Angestellten und damit das Ansehen nicht gerade verbessern, so dass heimlich an neuen, innovativen ›Produktcreationen‹ (Originalton irgendwer) gearbeitet wird, um damit das ramponierte Image des Mac-Königs aufzupolieren.

ATTACKE! hat unter schwersten Bedingungen recherchiert und herausgefunden, dass tatsächlich neue Produkte eingeführt (igitt!) werden sollen. Wir stellen Ihnen jetzt die aufregendsten Neuerungen vor - und ATTACKE! macht die Probe aufs Exempel: Kann Ihr Verdauungstrakt da widerstehen ...?

McDanger

Früher lose in der »Kinder-Überraschungstüte« verpackt, werden unbekannte Küchenabfälle zu Formfleisch gepresst und zwischen zwei Brötchen gesteckt. Keiner weiß, was drin ist, und keiner weiß, wie lange man einen derartigen Burger überlebt - das ist Nervenkitzel pur!

McBang

Einen McBang kaufen nur Knalltüten. Denn ein McBang besteht zu 100% aus Pappmaché und kostet ein Schweinemoos - halt was für Knalltüten. Und man glaubt gar nicht, wie viele es gibt!

Pommes

Watt fies! Da glaubt man, etwas Bekanntes zu bestellen, um nicht oberpeinlich dazustehen, weil man bei den neuen Burgern null Durchblick hat - und was bekommt man? *Poröses, ominöses Matschzeug mit ekelerregender Sauce* - da fragt sich doch der Sherlock Holmes im Verzehrer: Was kann das nur sein? Das Beste aus der Sikkergrube? Klärabfälle? Abgekratztes aus der Restmülltonne?

Wie auch immer: Wer POMMES überlebt, kann auch fünf Jahre im tiefsten Dschungel oder am Arsch der Welt überleben! *Locker!*

McTÜV

An diesem Burger ist alles genormt: Exakt zwei Sesamkörner auf dem 2,5mm dicken Brötchen, ein Gurkenscheibchen (Dm. 20mm,

1.5μm dick), 0.001% Fleischanteil im 1x1 x0.5cm großen Zellulose-block, der sich »Rindfleischklops« schimpft, 1ml Ketchup (mit 0.01% Tomatenanteil), und genau 0.0% Nährwert bei 100.0% Nichtsnutzanteil. Aber Vorsicht! Wenn Sie einen nicht normgerechten Burger erwischen (max. 1% Toleranz zugelassen) und dann versuchen, Ihren Wagen durch den TÜV zu bringen, kann es passieren, dass Ihr Auto die Plakette erhält - aber der Burger stillgelegt wird.

McShit
Keine Sorge! Da ist nicht das drin, was draufsteht. Aber jeder, der es wagt, das Brötchen zu liften, um zu erforschen, was unter dem Hauch von Gurkenscheibchen verborgen ist, wird kreidebleich und stößt nur fassungslos hervor: »Oh, Shit ...!«

Blaster Burger
Das Fleisch dieses Burgers wurde mit einer Eintausend-Tonnen-Hydraulikpresse derart stark komprimiert, dass auch schon die geringste Beanspruchung des Fleischklopses dessen sofortige Explosion auslöst.

Mit einer Sprengkraft von zehn Kilogramm TNT ist dieser Burger ein echter Kracher!

Drive Through
Drive In is out, Drive Through is in!

Mit im Mittel siebzig Stundenkilometern schießt man am Mikrofon vorbei und brüllt innerhalb von einhundert Millisekunden seine Bestellung in selbiges. Da für die ebenso übliche wie nervige

Rückfrage »Etwas zu trinken dabei?« keine Zeit mehr bleibt, bekommt man eins Komma fünf Liter angestandene Cola automatisch mit dabei.

Hat man irgendwann genug trainiert und im Dieter-Thomas Heck-Tempo seine Order aufgegeben, wird das Essen sofort in eine Torpedo-Röhre gebracht und von einer Sprengladung (vermutlich ein Blaster-Burger) auf einhundertzwanzig Stundenkilometer beschleunigt.

Jetzt heißt es Gas geben! Denn das Essen schießt Sekundenbruchteile später aus der Ausgabeluke und im Idealfall genau durch das offene Fahrerfenster ins Auto - entweder ins Gesicht der Beifahrerin, oder es durchschlägt die Glasscheibe der Beifahrertür.

Bezahlt wird, indem man das komplette Portemonnaie ins aufgestellte Fangnetz wirft, denn Abzählen kann man bei dem mörderischen Tempo sowieso nicht mehr. Schneller war man noch nie pleite!

IKEA Jones
Auf der Suche nach dem verlorenen Schlafzimmerschrank

Ein Schlafzimmer, irgendwo in Deutschland, mitten in der Nacht. Es ist zappenduster. Vati erklimmt gerade den heimischen Schlafzimmerschrank, Eiche massiv, deutsche Wertarbeit aus den Fünfzigern, genauso monströs und schief wie Papis Bockermann und mindestens ebenso unansehnlich. Die Gattin stöhnt verhalten (die Blagen sollen schließlich nichts mitbekommen), und feuert Herbert in freudiger Erwartung an:»Los, Herbert, mach mir noch mal den Tarzan mit doppelter Schraube! Zeig's mir!«

Herbert hat den Schrank mittlerweile erklommen.

»Waltraud, das ist die schärfste Nummer seit dem Chinaböller im Schritt letztes Jahr Silvester! Also, auf drei geht's los ...«

Herbert postiert sich breitbeinig auf dem Schrank. Altbau, drei Meter fünfzig hohe Decke, kostet irrsinnig viel Heizenergie, aber in Augenblicken wie diesen ist Herbert dankbar dafür, dass er fast ganz aufrecht auf dem Schlafzimmerschrank stehen kann.

»Eins ...!«

Herbert beginnt zu wippen und bemerkt das leichte Knarren unter seinen Füßen nicht.

»Zwei ...!«

Das Knarren steigert sich zu einem hölzernen Krachen, aber Herbert hat nur noch Augen und Ohren und Füße und Ellenbogen und irgendetwas unterhalb der Gürtellinie für Waltraud.

»Uuuuuuuund ...«

Herbert macht's diesmal aber wirklich spannend! Der Schrank beginnt sich verdächtig zu verformen, und das Knarren wird von einem satten Splittern abgelöst.

»Draaaaaaaaaaaaaaaaaaaaaaahhhhhhhhhh ...«

Herbert bricht durch den Kleiderschrank und folgt unbeirrt der Anziehungskraft. Das macht einen Höllenlärm, echt! Auf dem Weg nach unten zerteilt er mit dem linken Knie das oberste Einlegebrett, mit dem rechten Knie die (nebenbei bemerkt äußerst massive) metallene Kleiderstange, knallt mit dem Kopf gegen die Rückwand (aus der sich daraufhin diverse Haltestifte ungefragt in seinen Rücken bohren), quetscht sich den rechten Mittelfinger im linken Türscharnier, und zu guter Letzt verfängt er sich in einem Wust aus Kleiderbügeln, die anschließend in so ziemlich jeder

Körperöffnung stecken.

Kurz: Nahezu alles an Herbert ist lädiert, deformiert und malträtiert - bis auf den Bockermann. Um ehrlich zu sein: Es sieht so aus, als wenn sich der Rest des Körpers in Form und Farbe an den Bokkermann angepasst hat. Kein schöner Anblick, aber das braucht Herbert ja nicht zu wissen.

»Herbert ...?«

Waltraud lauscht in die Stille. Dieses Krachen gerade, was konnte das nur sein? Wo ist Herbert? Und wo ist der Kleiderschrank? »Waltraud, die Liane ist gerissen. Ruf einen Arzt. Und lass das Licht aus ...!«

Drei Wochen später. Herbert wird gerade von Waltraud aus dem Städtischen Krankenhaus abgeholt.

»Alles klar, Herbert? Wie geht's?«

»Geht schon besser. Der Arzt sagt, in einer Woche kommt der Gips runter.«

»Super! Aber sag mal, wieso hast du einen so komischen Gang?«

»Sie haben nicht alle Kleiderbügel entfernen können.«

»Oh ...«

»Genau. Lass uns nicht darüber sprechen. Nur noch eine Operation, dann kann ich wieder normal sitzen.«

»Siehst du, es kommt alles wieder in Ordnung. Nur ...«

»Was, nur?«

»Der Kleiderschrank. Da ist nichts mehr zu machen. Unglaublich, was du alles zertrümmert hast!«

»Tja, dann müssen wir uns wohl einen neuen besorgen. Was können wir uns denn nach dieser unverschämten Krankenhausrechnung noch leisten?«

»Mehr als tausend Mark ist nicht drin.«

»Dann bleibt ja eigentlich nur noch eines übrig ...«

Und aus beiden Kehlen tönt es zeitgleich: »... IKEA!«

Zwei Stunden später.

IKEA Bielefeld, Zentrum des Möbelwahns, Sammelstelle aller gestörten Möbelverkäufer Deutschlands, Hochburg der Spanplattenzuschnittauszubildenden, kurz: Geballter Irrsinn in Esche schwarz.

Herbert stolpert in die riesige Verkaufshalle. Es herrscht reges Treiben: Käufer flitzen um die Ecke, stöbern in Wühltischen und suchen nach Schnäppchen, während IKEA-Mitarbeiter in rotem Overall durch die Gänge schlendern.

»Waltraud, wo sind die Schlafzimmerschränke?«

»Woher soll ich das wissen? Ich werde am besten mal einen der Verkäufer fragen.«

Die Worte »... Verkäufer fragen« sind kaum verklungen, als in genau diesem Augenblick sämtliche roten Overalls in Sekundenbruchteilen von der Bildfläche verschwinden.

»Hey! Wo sind die hin? Verfluchter Mist, es ist keiner mehr da! Die heißen wohl alle Copperfield, was?«

»Nicht aufregen, Waltraud, wir erwischen diese Bastarde schon noch. Los, suchen wir einfach selber nach den Schränken.«

Die beiden schleichen durch die Gänge, vorbei an neongelben Klobrillen Modell ›Sven‹ und transparenten Mülltonnen, Serie ›Smutje‹.

Auf einmal wird Waltraud ganz aufgeregt: »Herbert! Da hinten ist einer! Ich habe einen gesehen!«

»Okay, gehe du nach links, ich schleiche mich rechts an und schneide ihm den Weg ab. Schnell!«

Waltraud pirscht sich links an den Mitarbeiter heran, während rechts Herbert geräuschlos den Rückzugsweg des IKEA-Sklaven abschneidet. Der rotgedresste Mann ist sichtbar nervös, sein ge-

50

hetzter Blick streift durch die Gänge, und die geduckte Haltung signalisiert höchste Alarmbereitschaft.

Waltraud sieht ihre Chance gekommen. »Hey, Sie da! Wo ist ...?«

Sie hat kaum zu Ende gesprochen, da schnellt der Mitarbeiter auch schon herum und will die Flucht antreten, als Herbert aus einem Seitengang tritt und den Fluchtweg versperrt.

»Stopp! So nicht, Jüngelchen! Wo sind die Schlafz ...«

Weiter kommt Herbert nicht. Der Mann entwickelt ein mörderisches Tempo: Ohne Rücksicht auf Verluste sprintet der Ertappte auf Herbert zu, dass dieser schon glaubt, von ihm geplättet zu werden, da macht der Mann mit letzter Kraft einen Riesensatz und überspringt Herbert. Die Fußabsätze knallen gegen Herberts Schläfe, so dass er noch etwas benommen schwankt, als der Mann hinter ihm landet und sofort nach links Richtung Holzzuschnitt verschwindet.

»Hinterher! Der gehört uns!«, schreit Herbert, und Waltraud klettert über den Herrendiener ›Björn‹, was ihren Weg um drei Meter abkürzt und weitere zwei Sekunden Zeitersparnis bringt.

»Ich verfolge ihn direkt, versuch du's über die Herrentoilette!«

»Okay ...«

Die Herrentoilette!

Herbert rennt so schnell er kann Richtung Herrentoilette und geht im Geiste den Weg durch, den der Flüchtige wohl genommen haben muss. So, wie's aussieht, muss er wohl oder übel durch das rückwärtige Fenster der sanitären Anlagen klettern, um ihn abzufangen - egal, es *muss* einfach klappen!

Herbert stößt die Tür auf und hechtet zur mittleren Fäkalaufnahmevorrichtung. Besetzt! Egal, hier befindet sich das einzige Fenster, und da muss er durch. Herbert wirft sich gegen die Tür, und nach dem dritten Anlauf gibt diese nach.

»Runter!«, herrscht Herbert den Sitzenden an, der ihn jedoch nur fassungslos anstarrt.

»Scheiße! Muss man hier denn alles selbst machen?!«

Herbert reißt den Mann vom Klo (Klobrille Modell ›Smöre‹ mit genopptem Gesäßbereich) und klettert auf den Spülkasten. Gar nicht so einfach mit einem implantierten Kleiderbügel!

»He! Was soll das?«, ruft der auf dem Boden liegende.

»Einer der IKEA-Fritzen ist stiften gegangen! Wir wollten eigentlich nur fragen, wo die Schlafzimmerschrankabteilung ist ...«

Herbert steckt mit dem Kopf bereits halb im Fenster.

»Was? Die hauen schon wieder ab? Das gibt's doch nicht! Los,

Leute, die krallen wir uns!«

Die am Pissoir stehenden nicken grimmig und ziehen entschlossen den Reißverschluss zu. Das Geräusch bricht sich in den Fliesen (Modell ›Jan‹) und hallt unwirklich durch den Raum:»Okay. Schnappen wir sie uns. Los!«

Die Meute rennt aus dem Herren-WC, angefeuert von Herbert.

»Macht die Schweine alle!«

In der Campingabteilung holen sie sich noch ein paar Fackeln, und einer Prozession gleich begeben sie sich auf die Jagd nach allem, was ›IKEA‹ am Revers eingestickt hat und rotgekleidet ist.

Herbert kämpft derweil mit dem kleinen Lüftungsfenster: Der Kleiderbügel ist im Weg! Sein dadurch abnormal geformtes Hinterteil passt einfach nicht durch den Fensterrahmen. Warum konnten diese Stümper von Chirurgen das Ding auch nicht operativ entfernen? Herbert kann daran jetzt keinen Gedanken verschwenden, die Zeit drängt. Irgendwie muss er da jetzt durch! Was würde Rambo, sein Lieblingsheld mit dem Stirnband (Modell ›Bröm‹), jetzt wohl machen? Wahrscheinlich Augen zu und durch, und er würde nicht einmal schwitzen dabei.

Pah! Was Rambo kann, kann Herbert schon lange! Und so quetscht er sich in einer übermenschlichen Anstrengung durch das enge Fenster, während der Kleiderbügel splitternd nachgibt. Watt mutt, datt mutt. Schmerzt zwar höllisch, doch da muss man jetzt durch. Die Anstrengung hat sich dafür auch gelohnt: Von dieser erhöhten Position aus kann Herbert erkennen, wie sich der renitente Einkaufsberater von rechts nähert, verfolgt von Waltraud, die gerade mit Handtuchhaltern (Modell ›Römpömpöm‹) nach ihm wirft. Hervorragend! Sie treibt ihn genau auf Herbert zu ...

Als sich der Gehetzte in passender Entfernung befindet, springt Herbert aus dem Fenster und wirft sich auf den völlig Überraschten.

»Hab' ich dich, du linke Bazille!«

Waltraud ist heran und verkeilt sich in den Beinen des Gefangenen.

»Gestehe, du lächerlicher Wurm! Wo ist die Schlafzimmerschrankabteilung!«

»Aus mir kriegt ihr nichts heraus, ihr ..., ihr ...«

Der Verkäufer stößt das letzte Wort hasserfüllt aus: »... *Kunden!*«

»Na, das wollen wir doch mal sehen. Los, aufstehen!«

Herbert drückt den IKEA-Knecht an die Wand. Die Schmerzen, die die Kleiderbügelfragmente in Herberts Enddarm auslösen, sind jetzt nebensächlich. Sie haben einen Verkäufer in ihrer Gewalt –

lebend! Da kommt Herbert eine Idee.

»Keine Bange, du Zecke, wir kriegen dich schon noch zum Sprechen. Waltraud, hol mal ein paar Kleiderbügel.«

»Modell ›Krümpü‹?«

»Zu klein.«

»»Brömmel?‹«

»Zu weich.«

»»Schnüppel‹?«

»Nicht schmerzhaft genug.«

»»Dansk‹?«

»Die splittern nicht.«

»»Terminator‹?«

Der Verkäufer blickt erschrocken zu Herbert: »Was? Terminator? Einen Terminator-Bügel? Nein! Nicht! Alles, aber nicht den Terminator!«

Über Herberts Gesicht huscht ein fieses, bestialisches Lächeln: »Hol' mir den Terminator ...«

Der Verkäufer bricht zusammen und rutscht an der Wand herunter.

»Halt, wartet! Wartet ...!«

Der Verkäufer ist nur noch ein Häufchen Elend.

»Okay. Ich gestehe alles. Ich verrate euch alles, was ihr wollt, aber verschont mich mit dem Terminator!«

»Mal sehen. Wo ist die Schlafzimmerschrankabteilung?«

»Erste Etage hinten rechts, gleich neben den Schlafzimmerschrankberatungsplätzen.«

»Was kostet das Modell ›Tarzan‹?«

»2.365 DM.«

Herbert geht einen Schritt auf den Verkäufer zu. »Wie viel?«

»1.998 DM.«

»WIE VIEL?«

»1.500 DM.«

»Waltraud, hol mal grad …«

»Moment, das Modell wurde gerade eben reduziert. 950 DM, inklusive zwölf Kleiderbügel ›Schmömp‹.«

Herbert ist zufrieden, lässt sich aber nichts anmerken.

»Ich wusste, das wir uns einig werden! Gehen wir …«

Waltraud und Herbert begeben sich in die Schlafzimmerschrankabteilung, während im Hintergrund die tosende Meute gerade den Filialleiter, festgezurrt an einer Wäschespinne (Modell ›Antje‹), zum Parkdeck schleppt, um ihn dort öffentlich mit Kleiderbügeln (Modell ›Terminator Extreme‹) zu spicken. Watt mutt, datt mutt.

Kurze Zeit später verlassen beide den Möbelriesen und schlendern zum Auto.

»Waltraud, das war echt 'n Schnäppchen.«

»Das will ich meinen! Nur …«

»Was, nur?«

»Ich glaube, wir brauchen auch ein neues Bett.«

Waltraud zwinkert Herbert vielsagend und eindeutig zweideutig zu.

»Wir haben aber nur noch fünfzig Mark!«

»Tja, dann …«

Wortlos drehen sich beide um und betreten erneut das IKEA-Möbelhaus …

Muscle Madness

Kapitel 1

Für jeden Mann kommt eines Tages der Augenblick der Wahrheit. Nein, nicht der, wenn er mit blankem Entsetzen den Kontoauszug studiert, sofort den nächsten fliegenden Waffenhändler um eine Magnum erleichtert und sich freudestrahlend das ganze Magazin in den Kopf pumpt, sondern der, wenn er im Hallenbad aus der Umkleidekabine tritt, an das Wasserbassin herangeht und im Begriff ist, sich todesmutig vom Startblock in das Becken zu stürzen. In genau diesem Augenblick beginnen sämtliche Besucher des feuchten Etablissements, aus allen Rohren zu lachen und mit feuchtglänzenden Fingern auf ihn zu zeigen: Mann, ist der dick, Mann!

Okay, du warst schon immer auf deinen Bierspoiler stolz, schließlich weißt nur du allein, wie viele Kisten des kostbaren Gerstensaftes nötig waren, ihn derart perfekt zu formen. Aber dass er jetzt alle Dimensionen sprengt und das Hallenbad halb schattiert, damit hast selbst du nicht gerechnet. Dass ein kleines Kind deine Füße auf den Startblock positionieren musste, weil du deine Quanten selber schon seit vier Jahren nicht mehr sehen kannst, war dir bislang auch nicht peinlich.

Warum also fangen die ausgerechnet jetzt damit an, sich auszuschütten vor Lachen? Die sollten eigentlich alle *Angst* haben, dass ich nicht in das Becken *springe*! Undankbares Pack, denkst du dir, und trollst dich gedemütigt von dannen.

So kann es nicht weitergehen, es muss etwas passieren. Da kommt es dir gerade recht, dass gleich nebenan ein Bodybuilding-Studio neu eröffnet hat.

Zuerst warst du dir nicht sicher, ob nicht doch ein Eros-Center hinter den Wänden steckt, denn so viel Gestöhne und Geächze, das aus der Tür drang, erschien dir höchst suspekt.

Aber du überwindest deine Skepsis und betrittst den Laden.

»Hi, ich heiße ...«

»Haaaaaaaaaaaaaaaaaaalt! Oh nein, ach du Scheiße!«

Ohne es zu bemerken, hast du beim Betreten des Ladens einen neben der Tür postierten Stapel Dosen »Magic Muscle Powder, Schwarzenegger schwört on it« mit deiner Wampe beiseite gefegt. Das Geräusch, mit dem die Dosen von der Wand abprallen und quer durch den Raum fegen, kommt dir irgendwie bekannt vor ..., mmmmmmhhh, woher nur, woher? Ja! Genau! Diese Querschläger in den alten Bonanza-Folgen, wenn Hoss herumballert, genau so hört es sich an ...

Eine der Dosen hat als Ziel deinen Kopf auserkoren, geortet, anvisiert und mittig getroffen. Bewusstlos beginnst du, Richtung Boden zu kippen, und so hörst du den zweiten, gellenden Schrei nicht mehr.

»Scheeeeeeeeeeeeeeeeiße! Los, Jim, Bob, Ben, Bim, Bam, Bum, kommt her und haltet dieses Monstrum fest! Schnell!«

Aus dem Dunkel kommen Jim, Bob, Ben, Bim, Bam und Bum herangesprintet und schaffen es gerade noch, deinen Leib in der Aufrechten zu halten.

»Wohin damit, Trainer?«, fragt schweißgebadet Bum.

»Los, Bum, du den Bauch, Bim die Beine, Bam die Arme, Ben den Schwabbelkopp, und Bob und Jim bilden die Einsatzreserve, falls einer von euch stolpert. Los, auf die Hantelbank mit ihm!«

Sie wuchten deinen Körper auf die Hantelbank und warten darauf, dass sie zusammenbricht. Tut sie aber zum Erstaunen aller nicht.

»Tja, das ist noch ›Made In Germany‹, Jungs! Chrom-Vanadium-Stahl, feuergebrunstet, dreifach versintert, fünffach poliert, zwölffach abgehalftert! Meine Sachen halten noch was aus, was? Also, keine Müdigkeit vorschützen, weiter mit dem Training!«

Kurz darauf ist der Raum wieder erfüllt vom Ächz, Uff, Stöhn, Uaaah und Ooooh gequälter Körper.

Du wachst auf. Diese Geräusche, da kann doch kein normaler Mensch bei ohnmächtig bleiben! Und so setzt du wieder an: »Hi, ich bin ...«

»Schnauze. Ich weiß, was du bist. Nämlich pleite. Einhundertzweiunddreißig Dosen Magic Muscle Powder kosten 'ne ganz schöne Stange Geld, Jüngelchen!«

»Kein Problem. Mit meiner Visa Platinum 12-Karat Brillant Gold Card ist das kein Problem.«

»Du hast eine Visa Platinum 12-Karat Brillant Gold Card? In echt?«

»In echt.«

»...« Kinnlade.

Der Mann scheint schwer beeindruckt, und so schiebst du gleich dein Anliegen hinterher: »Ja, und ich dachte mir, ich könnte hier vielleicht meinen Körper etwas stählen. Nicht, dass ich das etwa nötig habe ...«

»Nein, nein, natürlich nicht.«

»Auch die Weiber, sie wissen schon , also die rennen mir immer noch ...«

»Klar, klar, kenne das, die Bräute können wie Kletten sein.«

»Bin noch topp in Form, das kann ich ihnen sagen.«

»Logisch. Einen durchtrainierten Mann erkennt man auf den ersten Blick ...«

»Ich sehe, sie verstehen mich, Herr ...?«

»Trainer. Nennen sie mich einfach Trainer, das sagen alle hier zu mir. Das liegt daran, dass ich der Trainer bin, also, ich trainiere die Leute hier, weil, ich bin der Trainer.«

»Okay, Trainer, und da dachte ich mir, schau doch mal rein und schau mal so rum und so ...«

»Keine Frage. Mann kann seinen Prachtbody gar nicht oft genug einölen und den Schnitten präsentieren, was? Hä? Wie, oder?«

Der Trainer zwinkert dir wissend zu. Du weißt, hier versteht man dich. Hier weiß man dich zu schätzen, hier bist du noch ein Mann!

Der Trainer reißt dir die Visa Platinum Bimbambumundsoweiter aus den Griffeln und hantiert hinter dem Tresen herum: »Einhundertzweiunddreißig mal, dumdidum ..., macht ..., Jungejunge! Ratsch, und durch. Wie viele Stunden sollen es denn werden?«

»Wie – wie viele Stunden?«

»Okay, also das volle Programm. Ein Jahr, das macht zwölf mal vierunddreißig Stunden, das ergibt ..., Jungejungejunge ...! Zack, und gebucht. Also, wann fangen wir an?«

Das nenne ich Kundenservice! Keine Wartezeiten, keine blöden Fragen, einfach so anfangen.

»Sofort natürlich!«

»Kein Problem. Jim, mach mal Platz!«
Jim steigt von dem Butterfly und macht dir Platz.
»Hier, das ist der Butterfly. Klemm' die Arme hinter die Bügel und presse sie zusammen, so etwa.«
Der Trainer führt es vor.
»Das trainiert den Bizeps, Trizeps, Quadzeps, Oktazeps und Megazeps.«
Du setzt dich und tust wie geheißen, aber die Butterfliegs (oder wie die heißen) bewegen sich keinen Millimeter. Und das bei dienen Muskeln, das gibt's doch nicht! Das Teil muss kaputt sein.
»Trainer, das Butterdings ist kaputt! Da rührt sich nichts!«
»Damned! Jetzt hast du's ruiniert! Hast du keine Materialsachbeschädigungshaftpflichtpoliceversicherungsschutzvereinbarung abgeschlossen? Tja, dann brauche ich noch mal kurz die Visadings …«
Der Trainer hantiert wieder hinter dem Tresen und beginnt mit leuchtenden Augen die Kasse zu bedienen: »Ein neuer Butterfly,

das macht ..., Jungejungejunge ...! Zack, und gebucht.«
Du stehst auf und wunderst dich noch: »Dass diese Buttergeräte aber auch so empfindlich sind ..., vielleicht hätte ich meinen Dingszeps doch nicht so stark anspannen dürfen, Trainer!«
»Genau. Nicht jeder ist so durchtrainiert wie du, also halte dich bei der nächsten Übung etwas zurück, okay?«
»Klar.«
Etwas juckt dich im Ohr, aber du hast nichts zum Pulen dabei. Was nimmt man da nur ...?
Du siehst an dem Butterdings einen Metalldraht und ziehst ihn unbemerkt heraus. Das Teil ist doch eh kaputt, hat der Trainer gesagt, also wird das wohl nichts machen. Lässig schlenderst du zum nächsten Gerät und pulst mit dem Sicherungssplint der Hauptfeder im Ohr herum. Dass sich Jim wieder auf den Butterapparillo setzt, macht er wahrscheinlich auch nur, um zu sehen, dass es wirklich kaputt ist.
»Also, als nächstes gehen wir zur Hantelbank. Hier, ich zeige mal, wie das geht.«
Der Trainer legt sich auf die Bank, schnappt sich eine Hantel und beginnt, diese auf- und ab zu bewegen, wobei er schnauft wie eine Diesellok.
Aha! Daher also diese merkwürdigen Geräusche! Jetzt wird dir einiges klar. Du schaust interessiert zu, als du hinter dir ein metallisches Geräusch hörst, gerade so, als ob sich eine mächtig gespannte Feder aufgrund eines fehlenden Sicherungssplintes beim Arretierungsbolzen unkontrolliert entspannt und in Bewegung setzt.
Sekundenbruchteile später gellt ein unmenschlicher Schrei durch den Raum, und Jim rennt wie ein aufgescheuchtes Huhn mit einer vibrierenden Feder im Gesäß durch die Trainingshalle.
Du kannst dir ein Grinsen nicht verkneifen, als der Trainer zum Telefon wetzt und den Notarzt alarmiert: »Ja, eine Feder! Genau! Was? Woher soll ich denn wissen, wie viele Windungen tief das Ding steckt? Ja, es eilt! Ich warte ...«
Als Jim auf einer Bahre weggetragen wird und die Feder im Schrittrhythmus federt, kannst du ein leichtes Prusten nicht unterdrücken. Du schnippst den Sicherungssplint weg und gehst zur Tagesordnung über: »Okay, jetzt also die Hantelbank ...«

Kapitel 2

Was bisher geschah: Hallenbad, Gelächter, Grummel Fluch, Dosen, Ohnmacht, Trainer, Zack, Gebucht!, Jim, Chrom-Vanadium, Sicherungssplint, Spoing, Aaaaahhhh, Blut, Tatü, Tata.

Was bisher noch nicht geschah: Ein Bandenkrieg in der Trainer-Umkleidekabine, ein schwerer Magendurchbruch nach dem Anblick von Roy Black, der Austausch von Anlass zu hochrotem Kopf gebenden Körperflüssigkeiten, der längst überfällige Austausch von promillefreiem Blut gegen Industriealkohol und der noch viel, viel überfälligere Austausch von Heinos Kehlkopf gegen eine scharfe Handgranate.

Was uns bisher erspart wurde: Toter Fisch in Olivenöl, Jogger am frühen Morgen mit Dauerflatulenz und Extrem-Hämorrhoiden, geifernde Omis auf Parkbänken mit Bierfahne und Stützstrümpfen, sowie Heino mit sehr offener Hose.

Was bisher noch keiner zu fragen wagte: »Wieso heißt das eigentlich Hantelbank, Trainer?«

Der Trainer setzt sich auf die Hantelbank und beginnt mit der Übung

»Hahaha! Das heißt nicht Hampelbank, sondern Hantelbank! Hahaha! Aber das kapierst du auch noch, sofern du das hier überlebst. Also, du nimmst die Hantel und stemmst sie auf und ab ..., siehst du?«

Dein Blick folgt dem Auf und Ab. Auf, ab, auf, ab ..., es wird dir etwas schwummerig in der Magengegend, gestern gab's Feuerbohneneintopf, und der scheint sich vehement gegen die Verdauung zu wehren.

»Immer auf, ab, auf, ab, und kräftig einatmen!«

Dein Blick klebt weiter an der Hantel, als dein Kopf im Stemm-Rhythmus wippt und langsam die Farbe in Richtung blassgrün wechselt ...

Zu dem Feuerbohneneintopf gesellt sich der Kartoffelsalat aus der Betriebskantine.

»Immer schön gleichmäßig, nicht zu hastig! Auf, ab, auf, ab ...«

Das halb vergorene Jägerschnitzel von Schlampis Frittenbude bildet eine unheilvolle Allianz mit dem Kartoffelsalat. Schlampis Schnitzel sollen quasi unverdaubar sein, hört man. Hmmmm ..., so laut, wie dein Magen grummelt, könnte da was dran sein!

»Hey, nicht träumen, Mann! Hier spielt die Musik! Auf, ab, auf, ab ...«

Dein Gesicht ist mittlerweile tiefgrün mit einem Hauch von lila. Und im Magen stößt die Pizza Vesuvo Perverso Radikalo Ouzo mit doppelt Pfeffersalami, extra Peperoni, massig Mozzarella, abartig Artischocken, tranig Thunfisch, schaurig Schinken, zweifelhaften Zwiebeln und penetrantem Paprika zu dem Trio. Langsam wird's eng da unten...

»Tja, das macht Muckis! Sieh genau hin und achte darauf, zu Beginn nicht zu schnell zu werden, das gibt sonst 'nen Mörderkater ...«

Du hast ganz andere Sorgen als so 'nen lächerlichen Kater! Die Packung Studentenfutter (Warum die so heißt, bleibt dir für immer ein Rätsel, schlauer wird man von dem Zeugs jedenfalls nicht!) von vorhin hättest du wohl besser doch nicht auf Ex hinunterschlingen dürfen ...

Du drehst dich langsam um, den rebellierenden Säuresud im Magen kaum noch unter Kontrolle haltend.

»Zuerst fängst du mit leichten Gewichten an, aber das wird dann später immer mehr, klaro? Auf, ab, auf, ab ...«

Nix da klaro! Aber auch rein gar nix! Dein Magen gleicht einer Waschmaschine auf Schleudertouren: Jetzt bloß nicht die Tür öffnen ...

Du siehst dich nach einer passenden Ecke um, in der du dich erleichtern kannst, und presst mit aller Macht die Lippen aufeinander.

Bob, der schräg gegenüber gerade die neue Feder für den Butterfly spannt, fragt beiläufig: »Sag mal, wie spät haben wir's eigentlich?«

Instinktiv schaust du auf die Uhr und setzt zur Antwort an: »Äh, es ist ...«

Zu spät. Dein Mund ist offen.

Und das haben die Speisereste mitgekriegt. Mehr noch, sie scheinen auf diese Gelegenheit geradezu gelauert zu haben, denn aus dir knallt es heraus wie aus einem explodierenden Geysir: Der Schwall schießt genau auf Bob zu, der mit schreckgeweiteten Augen die Hände hochreißt, um das Schlimmste abzuwehren. Das hätte er besser nicht tun sollen: Die aus der Obhut entlassene Hauptfeder des Butterfly entspannt sich ruckartig und schießt gegen die Decke, prallt schräg ab gegen die Wand, von dort weiter zu Boden und hätte jetzt normalerweise den gerade von Ben frisch aufgebauten Stapel »Magic Muscle Powder, Schwarzenegger schwört noch immer on it« getroffen, wenn da nicht das Gesäß von Bob im Weg wäre ...

Erneut gellt ein schon fast tierisch zu nennender Schrei durch die Fitnesshalle. Der Trainer springt auf, murmelt nur etwas von:»Oh mein Gott ..., nicht schon wieder ...«, und greift zum Telefon:»Ja, richtig, wieder eine Feder. Hinten. Ziemlich tief. Wie - die in Jim steckt zwölf Windungen tief? Jungejunge, da haben die mir aber diesmal wirklich Qualität verkauft! Nein, nein, war nur 'n Scherz, natürlich. Ja, ich warte.«

Der Trainer scheint etwas besorgt zu sein, als Bob herausgetragen wird.

»Wie konnte das nur passieren? Bob verträgt doch sonst alles, wieso verliert er jetzt nach einer Tasse Pfefferminztee die Beherrschung und reihert die Bude voll?«

Da fällt sein Blick auf deinen Jogginganzug (Aldi Sportiv):»Oh, ich sehe, du hast auch was abgekriegt! Bob, diese wandelnde Fontäne, wenn er entlassen wird, dann kann er was erleben ... Geht's denn noch? Können wir weiter trainieren?«

»Klar, geht schon. Kein Problem. Was haben wir denn noch so alles da?«

»Dort, das Oberschenkelmuskel-Trainingslaufrad zum Beispiel. Schon mal gesehen?«

»Sicher.«

»Neeeeee, mein Bester, so ein Ding bestimmt noch nicht! Vier Kilowatt Drehstrom Asynchronmotor zur gleichmäßigen Unterstützung der Drehbewegung, sämtliche Streben gusseisern gruftgebuddelt, Pardauzlackierung, fünfzig Geschwindigkeitsstufen bis dreitausend Umdrehungen pro Minute für echte Profis, Furunkel-Achse mit Fünfzig-Kilonewton-Federn schwingungsgedämpft gelagert, nagelneu und unser absoluter Knüller. Steht erst seit gestern hier! Ich demonstriere das mal, das muss man gesehen haben. Beeeen!«

Ben kommt angedackelt:»Was ist, Trainer?«

»Ben, führ' uns das Trainingsrad vor. Wir wollen das Schmuckstück mal in Aktion sehen!«

»Okay, aber nur auf Stufe eins, ja?«

»Natürlich. Los jetzt, nix wie rein da!«

Der Trainer öffnet Ben die Tür zum Laufrad und startet die Maschine, als Ben mit erhobenem Daumen seine Bereitschaft signalisiert.

»Das hier ist die Kontrolleinheit. Computergesteuert, versteht sich. Weiß der Geier, wie viele Programme man da abrufen kann – Wahnsinn! Das große Stellrad da vorne ist übrigens für die Stufen.«

»Das da?«

Neugierig beugst du dich nach vorne:»Hmmm ..., scheint ja gar nicht so schwer zu bedienen zu sein. Was steht denn da so kleingedruckt?«

Du beugst dich weiter nach vorne:»bsdl ... fjhtujg ... « Ganz schön klein, die Schrift!

Du beugst dich bis zum Äußersten vor, kannst gerade eben dein Gleichgewicht halten:»Wahrnunk: Läpensgevr! NIMMALZ ...« Mist, elender, hättest du doch nur die Brille mitgenommen! Es nützt nichts, du musst noch einen Tick näher dran ..., und jetzt kannst du es lesen:»Warnung: Lebensgefahr! NIEMALS mehrere Stufen auf einmal überspringen!«

Die Steigerung der Schriftqualität ging allerdings mit einem massiven Gleichgewichtsverlust einher, so dass du dich instinktiv an der Steuerkonsole abstützt, um nicht umzufallen – genau am Stellrad, welches du dadurch ruckartig bis zum Anschlag fährst.

Der Vier-Kilowatt-Drehstrommotor entfesselt sein enormes Drehmoment und fängt an, Ben ernsthafte Probleme zu bereiten.

»Ist das noch Stufe eins, Trainer?«

»Moment, Ben, hier liegt ein Defekt vor ... Das haben wir gleich! Entspanne dich einfach!«

Du versuchst, die Stufen herunterzudrehen, aber das Stellrad hat sich am Anschlag verkantet.

»Trainer, das Rad lässt sich nicht mehr bewegen.«

»Unmöglich! Das ist doch Made In Germany, Mann! Lass mich mal ...«

Der Trainer versucht mit aller Macht, den Regler zu bewegen, während das Laufrad immer schneller und Bens Stimme immer komischer wird:»Traai-aaai-aaaiii-iiiiner! Stoooopp!«

Ben kann schon längst nicht mehr laufen und wird von der Fliehkraft an den Rand gedrückt. Sein Hinterteil folgt bereitwillig der Zentrifugalkraft und wird zwischen den Streben nach außen gepresst, so dass die Backen bei jeder vollen Umdrehung einmal auf den Boden klatschen: Flap - Flap - Flap – Flap ...!

»Ben, halte durch! Halte durch!«

Es scheint dir, als ob der Trainer echt ins Schwitzen gerät.

Flap-Flap-Flap-Flap ...!

Die Klatschfrequenz steigt kontinuierlich.

»Ben! Ich hab's gleich!«

Flap-Flap-Flap-Flap-Flap ...!

Unglaublich! Der Vier-Kilowatt-Motor beschleunigt immer noch.

»Ben! Ben!!! Nur noch eine Sekunde!«

Die Hände des Trainers sind angeschwollen, jede Ader tritt hervor. Panik breitet sich in seinen aufgerissenen Augen aus, während du gelassen zur Hantelbank schlenderst. Du hast eine Idee.

FlapFlapFlapFlapFlapFlap ...!

Ben ist nur noch schemenhaft auszumachen. Der Trainer trommelt verzweifelt auf dem Schaltknauf herum, um ihn zu lockern – vergebens.

Flapapapapapapapapap ...!

Endgeschwindigkeit von dreitausend Umdrehungen pro Minute ist erreicht: Der Motor schnurrt ..., Irrsinn! Das kann doch keiner überleben!

Du nimmst mit provokant zur Schau getragener Lässigkeit eine Hantelstange, schlenderst zurück zum rasenden Laufrad und trittst neben den ratlosen, entnervten Trainer.

»Keine Panik, Trainer. Alles im Griff.«

Du schleuderst die Stange wie einen Speer in die Speichen des Laufrades und blockierst es so abrupt.

»Woll'n wa doch mal sehen, ob das die Achslagerung mitmacht!«

Macht sie nicht.

Das komplette Rad bricht mit einem Getöse wie bei einem Weltuntergang (oder Bierschiss) auseinander und fliegt aus der Halterung, Ben inklusive.

Die Achslagerung verabschiedet sich ebenfalls überaus geräuschvoll, und die beiden Fünfzig-Kilonewton-Federn der Schwingungsdämpfung jagen quer durch den Fitnessraum.

Du hast den Verdacht, dass Federn eine unheimliche Intelligenz innewohnt – oder ist Ben einfach nur zu blöd, um während des unfreiwilligen Fluges einer von hinten nahenden, rotierenden Feder auszuweichen? Und warum versenkt sich das zweite Fünfzig-Kilonewton-Exemplar ausgerechnet dann im Allerwertesten von Bim, als dieser erleichtert aus dem WC tritt und gerade die Tür schließt?

Eine Frage, die auch der um Fassung ringende Trainer am Telefon nicht beantworten konnte: »Ja, zwei Leute. Mit Feder. Ja, richtig, schon wieder mit Feder! Was gibt's denn da zu lachen?!? Schicken Sie einen Krankenwagen, aber schnell! Ja, ich warte ...«

Als die beiden herausgetragen werden, meint einer der Sanitäter zu seinem Kollegen:»Hey, Jim! Weißt du was? Wenn die das hier nicht überleben, dann werden die zwar beerdigt, aber der Arsch muss verschrottet werden! Hahaha!«

Gut gelaunt verlassen beide den Fitnessraum. Banausen! Und das sollen Sanitäter sein? Du reichst dem Trainer einen Multivitaminultrakohlensäuregigakoffeinsupramuskelaufbaupräparatdrink aus der Hausbar nebenan.

»Hier, das hilft, Trainer.«

Der Trainer nimmt einen tiefen Schluck.

»Hast was bei mir gut, wegen Ben. Kannst mich ab jetzt Spirenzchen nennen, so heiße ich.«

»Und ich bin blöd.«

»Das weiß ich. Aber wie heißt du?«

»Blöd, sag ich doch! Ferdinand Blöd von Zuhauf. Das heißt so viel wie ›eine Menge Blöd‹, haben mir meine Eltern gesagt ...«

»... und wo sie recht haben, haben sie recht.«

»Danke.«

Der Trainer ist der erste, der sich nicht über deinen Namen lustig gemacht hat, seit du von der Sonderschule geflogen bist! Da macht es auch nichts, dass er für heute das Training abbrechen möchte: »Hör zu, Ferdinand, ich glaube, wir haben für heute genug. Lass uns übermorgen weitermachen und jetzt zum Abschluss ein schönes Pils trinken, ja?«

Du stimmst zu, denn dein äußerst leerer Magen schreit nach Arbeit, auch wenn sie nur flüssig ist.

»Gut, lass uns ein gepflegtes Pils vernaschen!«

Die Barhocker sind von jenem modernen Design, das Stoßdämpferhersteller gerne verwenden: Mit flachem Teller als Standfläche und - sozusagen als kleiner Gag - eine Autofeder in der Mitte, so dass der Hocker beim Hinsetzen leicht nachgibt und angenehm federt.

Bam und Bum genehmigen sich ebenfalls ein Pils an der Bar, so dass die Zeit wie im Fluge vergeht. Als du auf die Uhr schaust, bemerkst du erschrocken, dass es schon zwanzig Uhr durch ist, so dass du überstürzt aufbrichst: »Tut mir leid, aber der Musikantenstadl fängt gleich an, also ..., ups!«

Du hast deine Kreditkarte fallen lassen, und als du dich bückst, um sie aufzuheben, fällt dir auf, dass die Barhocker noch viel mehr federn könnten, wenn da nicht dieser merkwürdige Bolzen wäre, der den Federweg begrenzt. Wieso ist das noch keinem aufgefallen? Kurzerhand entfernst du den überflüssigen Splint.

Du wartest den Dank großzügigerweise gar nicht erst ab und verabschiedest dich: »Also dann ... Bis übermorgen!«

Du trittst hinaus, genießt die frische Luft und gehst nach Hause. Moment! War da nicht gerade eben ein Schrei? Da! Noch einer! Und wieder! Hhhmmm ..., merkwürdig. So, als wenn jemandem eine Feder ...

Du musst dich täuschen.

Trotzdem viel los heute: Schon wieder drei Krankenwagen mit Blaulicht! Du bist gespannt, wie wohl die nächsten Trainingsstunden werden!

Aber das ist eine andere Geschichte ...

Einkaufen, aber richtig!

Es soll sie ja noch geben, jene Spezies Mensch, die am Donnerstagabend geduldig am Ende einer zwanzig Meter langen Schlange vor der Kasse steht, um für ein einziges Eis anzustehen - unnötig zu erwähnen, dass die kalte Köstlichkeit währenddessen genüsslich den Aggregatzustand wechselt und langsam aber sicher die Colani-Edeltreter vollkleckert, so dass man schlussendlich an der Kasse mit leeren, aber klebrigen Händen dasteht und sich zum wiederholten Male fragt, weshalb man sich eigentlich angestellt hat.

Oder die »Indiana-Jones-war-gegen-mich-ein-feuchter-Kehricht«-Schnäppchenjäger: Bereits ab zwei Uhr in der Früh campen sie vor dem Aldi-Haupteingang, um auch garantiert das Zehner-Pack Baumwollsocken für fast geschenkte vier Mark neunundneunzig abzustauben - nur um dann total übernächtigt direkt vor dem Wühltisch einzuschlafen und sich nach dem unsanften Wecken um achtzehn Uhr dreißig zu fragen, wer den sündhaft teuren Colani-Designercampingkocher geklaut hat. Diese Klippen kann man aber kinderleicht umschiffen – alles nur eine Frage der richtigen Vorgehensweise ...

Hier sind sie also, die acht besten Methoden, nervige Miteinkäufer in der Schlange vor sich schachmatt zu setzen!

Trick 1: Ich bin schwanger!

Niemand kann einer Schwangeren einen Wunsch abschlagen. So sagt es der Volksmund, also machen Sie einfach die Probe aufs Exempel!

Utensilien: Ein Luftballon (ersatzweise auch ein Basketball, nur schön prall muss er sein) und ein Liter blaue Ersatzflüssigkeit.

Vorgehensweise: Einfach losbrüllen: »Meine Fruchtblase platzt! Meine Wehen setzen ein! Mein Einkaufswagen ist voll!«, und gleichzeitig den Liter Ersatzflüssigkeit schwallartig auf den

Boden platschen lassen.

Die eine Hälfte in der Schlange vor Ihnen kippt daraufhin ohnmächtig zur Seite, die andere Hälfte stürzt fluchtartig aus dem Laden - nur die Kassiererin, das arme Stück, muss sich mit ihrem Einkaufswagen und der blauen Lache beschäftigen. Aber das ist eben das schwere Los einer Einzelhandelsverkäuferin.

Sie brauchen einfach nur zu sagen:»Oops! War ja doch nix!« und locker-flockig den»Wir haben ein Herz für Schwangere und reduzieren den ganzen Scheiß in Ihrem Einkaufswagen um die Hälfte«-Preis zu zahlen.

Trick 2: Magenprobleme!

Wenn Zeitgenossen in der Schlange vor Ihnen auf ein freundliches »Könnten Sie Arsch mich wohl vorlassen?«, oder»Weg da, Bazille!« nicht mehr reagieren, wird es Zeit für die Brech-Nummer.

Utensilien: Drei Dosen Linseneintopf, handwarm; geschüttelt, nicht gerührt.

Vorgehensweise: Die drei Dosen auf Ex kippen, sich ans Ende der Schlange stellen und genüsslich warten, bis sich der Magen mit einem an Donnergrollen erinnernden Laut meldet.

Anschließend losbrüllen:»AAAAAHH! Scheiße, mein Magen-Durchbruch ist doch noch nicht verheilt! Weg da, ich muss ko ...«

Spätestens dann, wenn die ersten Brocken zwischen den Zähnen hervorgeschossen kommen, hat sich die Schlange vor Ihnen in Unwohlgefallen aufgelöst ...

Trick 3: Mein Papi ist Mafiosi!

Wer hat nicht den»Paten« gesehen? Egal - wer ihn nicht kennt, lernt ihn jetzt kennen!

Utensilien: Vor dem Einkauf dreißig Havanna möglichst in einem Zug rauchen, Beerdigungsdress anziehen, schwarzen Mafioso-Hut in die Stirn ziehen, den Mund mit Sekundenkleber zu einer permanentfiesen Grimasse fixieren und eine Zigarre in den Mundwinkel stecken.

Vorgehensweise: Bleiben Sie ganz einfach in der Schlange stehen und warten Sie auf den passenden Augenblick.

Der ist dann gekommen, wenn das plärrende und kreischende Blag der Frau vor Ihnen für eine Sekunde aufhört zu krakeelen. In diesem Augenblick pusten Sie ihr einen Schwall allerfeinsten Zigarren-Nebels direkt ins Gesicht und sagen mit rauchiger Stimme:

»Papi kommen gleich. Pate haben Schnauze voll von warten, machen dann alle alle! Basta ...«
Sekundenbruchteile später dürfte der Sprint-Weltrekord von Carl Lewis einige hundertmal gebrochen worden sein ..., mit vollem Einkaufswagen!

Trick 4: Die Vertreter-Masche
Es ist so einfach! Jeder kennt ihn, jeder hasst ihn, aber warum lebt er noch?
Utensilien: Aktenkoffer und Anzug
Vorgehensweise: Sagen Sie einfach:»Guten Tag, ich bin Herr Kaiser von der Hamburg-Mannheimer. Dürfte ich ihnen einmal kurz ...«
Weiter werden Sie nicht kommen, denn auf einmal stehen Sie mutterseelenallein vor der Kasse.

Trick 5: Iiiih! Alles abgelaufen!
Manche Supermärkte werben damit, pro abgelaufenen Artikel fünf D-Mark zu erstatten. Mir persönlich wäre es ja lieber, der Filialleiter müsste stattdessen jede Dose öffentlich und sofort aufessen ..., aber bevor es soweit kommt, werden wohl noch einige verschimmelte Jahre ins Land gehen.
Utensilien: Künstlicher Darminhalt vom letzen Karneval und schimmelgrün angemalte Wattebäusche.
Vorgehensweise: Packen Sie den Einkaufswagen rappelvoll. Dann kippen Sie den künstlichen Darminhalt großflächig darauf aus und garnieren das Ganze mit den, an wie wild wuchernden Schimmel erinnernden, Wattebäuschen. Dann spielen Sie den Entsetzten:»Ach du Scheiße! Das habe ich ja meinen Lebtag noch nicht gesehen, das ist ja alles abgelaufen! Und wie das schimmelt ..., und stinkt ..., Bäh!«
Wetten, dass Sie heimlich vom Filialleiter höchstpersönlich aus einem Seiteneingang gelassen werden, ohne bezahlen zu müssen, verbunden mit der augenzwinkernden Bitte:»...dieses kleine Malheur bleibt doch unter uns, gelle?«, und der Aufforderung:»Beehren sie uns doch bald wieder!«
Aber klar doch - bei den Preisen!

Trick 6: Balla-Balla

Wenn man im Stress ist, dreht man leicht durch. Ob links- oder rechtsdrehend ist im Gegensatz zum Joghurt herzlich egal, Hauptsache, man nervt genug!

Utensilien: Eine Tablette Kukident 3-Phasen-Reiniger. Außerdem eintausend Mal »Einer flog übers Kuckucksnest« ansehen, anschließend die Enzyklopädie »Die 999 schlimmsten Geisteskrankheiten« auswendig lernen.

Vorgehensweise: Irgendwo mitten in der Schlange versuchen einzureihen. Natürlich wird das Gemotze der Umstehenden nicht unerheblich sein: »Ey, Sackgesicht! Hinten anstellen!«, oder »Irgendwann kriegen wir dich..., mit Danone-Joghurt, tiefgefroren und mit mindestens hundert Sachen mitten in die Fresse!«, sind da noch die harmlosesten Auswüchse.

Antworten Sie mit einem irren Grinsen und Kichern und murmeln Sie irgendwelche unverständlichen Laute vor sich hin. Gleichzeitig beißen Sie auf die Corega-Tabs, die sich prickelnd auflösen und einen feinen weißen Schaum erzeugen, der sabbernd aus Ihrem Mundwinkel herausläuft.

Spätestens jetzt sollten Sie mit etwas mehr Vehemenz sprechen, so dass Flocken weißen Schaums durch die Luft fliegen ...

Sie werden sich wundern, wie schnell Sie an der Kasse sind!

Trick 7: Ich habe alles!

Manche Menschen brüsten sich mit ihren Kriegsverletzungen oder erzählen wahre Schauermärchen von ihrer letzten Darmamputationen - schön und gut, aber richtig wirken kann so etwas erst dann, wenn man es live erlebt!

Utensilien: Scherz-Pusteln, Scherz-Akne (letztes Stadium), künstliche Syphilis, künstliche Maul- und Klauenseuche, und, und, und ..., decken Sie sich mit allem ein, was die Karnevalsindustrie und Schminkbranche zu bieten hat!

Vorgehensweise: Drapieren Sie sich mit allen denkbaren Krankheiten, reiben sie besonders schlimme Ekzeme mit Butter ein, damit sie schaurig-eklig glänzen, und marschieren Sie dann - nein, besser: humpeln Sie dann schnurstracks zur Schlange.

Dann keuchen und röcheln Sie, als wären Sie der Tod persönlich, und sobald sich jemand umdreht, gucken Sie ihn mit blutunterlaufenen Augen an, zeigen ihm Ihre offenen Wunden in voller Pracht, und dann sagen Sie im Brustton der Überzeugung: »Keine Angst, das ist bestimmt nicht ansteckend! Bleiben Sie ruhig stehen! Fassen Sie mich um Gottes Willen nicht an, atmen Sie nicht tief ein, aber bleiben Sie ruhig stehen ...«

Komisch - warum nur hört niemand auf Sie? Und warum verflucht die Kassiererin gerade ihren Job?

Trick 8: Ist ja nur ein Teil...

Haben Sie viele Bekannte, Freunde und Geschwister? Prima! Dann nix wie los!

Utensilien: Möglichst viele Miteinkäufer.

Vorgehensweise: An der Schlange schnorren Sie sich bis zur Kasse durch, indem Sie sagen:»Entschuldigung, könte ich wohl vor Ihnen bezahlen, ich habe nur ein Teil ...«

Das klappt meist prima - und die Leute sind schließlich selber Schuld, wenn sie Sie nicht ausreden lassen: »... und zwanzig Geschwister, die den Rest von meinem Einkauf tragen!«

Kaffeekochen mit Captain Janeway

Sternzeit 50953,4. So in etwa. Die VOYAGER dümpelt durch den Weltraum und sucht nach irgendetwas, das man irgendwo einbauen kann, damit irgendwer irgendwie die VOYAGER irgendwann irgendwolang nach Hause fliegt. Und da das lange dauern kann, braucht der Captain einen Kaffee: »Captain Janeway an Küche! Neelix, wo bleibt der Kaffee?«

»Sofort, Captain, ich bin gleich soweit.«

»Kann ich ihnen irgendwie helfen?«

»Nicht nötig, Captain, ich habe das schon tausendmal gemacht.«

»Ich könnte die Kaffeebohnen schälen.«

»Die werden geröstet, nicht geschält!«

»... das Wasser auftauen?«

»Captain, lauwarm nützt das nichts, das Wasser muss kochen!«

»... die Filtertüten falten?«

»Die braucht man nicht mehr zu falten ...«

»... den Zucker mahlen?«

»Sie haben kein Talent zum Zeichnen, Captain, so leid mir das tut.«

»... kann ich denn nicht *irgendwas* tun, Neelix?«

»... hmmm ...?«

»*Bitte!*«

»... hmmm ...«

»*Bitte, bitte!*«

»Okay, okay, sie könnten den Brühvorgang überwachen und vielleicht auch B'Ellana als Verstärkung holen, falls die Kaffeemaschine mal wieder streikt.«

»Wird erledigt, Neelix. - Janeway an Maschinenraum! B'Ellana, sie werden in der Küche gebraucht!«

»Torres hier. Captain, die Warp-Spulen müssen unbedingt gewartet werden, die Schutzschilde brauchen eine neue Politur, der Kohäs ...«

»Egal. Neelix muss einen frischen Kaffee aufsetzen und braucht ihre Unterstützung.«

»... aber meine Binde korreliert ...«

»Keine Widerrede! Ich habe Durst. Janeway Ende.«

Und während im Maschinenraum eine Monatsbinde korreliert, macht sich Janeway auf den Weg zur Bordküche: »Computer!«

Der Computer quittiert mit dem üblichen, flottenweit gehassten Quittierungston ›3345-12/3XU‹.

»Ort-zu-Ort Transport initiieren. Zielkoordinaten: Bordküche.«

»*Transport nicht möglich. Musterpuffer sind blockiert.*«

»Computer, Transportblockade überbrücken: Autorisation: Janeway, 0815.«

»*Schnalle, wie oft soll ich's noch sagen: Musterpuffer sind blockiert, Transport nicht möglich. Basta.*«

»Computer, Fehleranalyse: Warum sind die Kartoffelpuffer blokkiert?«

»*Syntaxanalyse fehlgeschlagen. Bitte wiederholen sie ihre Eingabe.*«

Janeway bepisst sich fast vor lachen, als sie den Befehl wiederholt. Der Puffer-Trick funktioniert also immer noch!

»Computer, Fehleranalyse: Warum sind die ..., hihihi ..., Musterpuffer blockiert?«

»*Torres hat den Transporter direkt vor ihnen benutzt und die Sauerei in den Musterpuffern nicht wieder entfernt ...*«

»Mist! Also doch den Turbolift ...«

Als Janeway zwei Minuten später die Küche betritt, hat Torres schon den Reinigungsroboter zu den Musterpuffern geschickt.

»Tut mir leid, Captain, aber es ging alles so schnell ..., so verdammt schnell ...«

»Das kann jedem passieren, B'Ellana.«

»Darf aber nicht, Captain. Ich habe daher ein lokales Eindämmungsfeld um meinen Schlüpfer errichtet, damit das nicht wieder passiert.«

Janeway zwinkert Torres verstehend zu: »Saugschwamm drüber ...«

Dann wendet sie sich an Neelix: »Neelix, wir haben keine Zeit zu verlieren. Ich habe Brand wie 'ne Bergziege!«

»Natürlich, Captain. Ich habe schon alles vorbereitet und die Maschine befüllt. Jetzt brauchen wir nur noch einzuschalten ...«

»Also los, Neelix! Servieren Sie uns den schnellsten Kaffee im Delta-Quadranten!«

Neelix schaltet den Apparat ein, und die Kaffeemaschine beginnt surrend zu arbeiten.

»Fa-bel-haft ..., der Brühvorgang beginnt.«

Das Surren wird lauter.

»Jetzt werden wohl die Bohnen geröstet ...«

Das Surren wird noch lauter.

»... und jetzt gemahlen ...«

In das Surren mischt sich ein fieses Krachen.

»... da fliegt gerade eine Schraube aus dem Füllschacht ...«

Die Maschine ruckelt und schlägt Funken.

»... und jetzt blitzt sie ...«

Janeway ist sichtlich nervös: »Neelix, sind Sie blind? Da stimmt doch was nicht!«

Aber Neelix ist wie versteinert: »Mein Gott ..., der Kaffee ...«

»Torres, Sie kennen sich mit Maschinen aus, unternehmen sie etwas! *Schnell!*«

B'Ellana tritt näher heran: »Hmmm ..., scheint eine Anomalie in der Brühphalanx zu sein.«

»Und das bedeutet?«

»Tja ...«

»Ich will eine volle Sicherheitsdiagnose!«

»Das elektrostatische Kraftfeld des Brühkonverters arbeitet mit falschen Parametern.«

»Na los! Korrigieren Sie!«

»Sofort, Captain ...«

Torres klappt ihr Schweizer Simultanwerkzeug auf: »Dann wollen wir doch mal sehen ...« B'Ellana friemelt an der Kaffeemaschine herum, die immer lauter wird. Auf einmal schlägt ihr ein gewaltiger Funke entgegen, gefolgt von einer lichterloh brennenden Kaffeebohne.

»Shit!«

»Was ist passiert?«

»Ich bin abgerutscht. Und jetzt haben wir ein Problem.«

»Ist der Brühvorgang gefährdet?«

»Ich fürchte, ja.«

»*Roter Alarm!*« Janeway ist hypernervös: »Torres, Schadensmeldung!«

B'Ellanas Stimme zittert: »Oh nein ... Subraumturbulenzen! Mitten in der Filtertüte! *Raus hier!*«

Doch Janeway hält sie fest: »So haben wir nicht gewettet! Ich will meinen Kaffee, und zwar jetzt!«

Torres beherrscht sich nur mühsam: »Na gut, aber ich brauche mehr Energie ...«

»Janeway an Maschinenraum: Alle Energie in die Küche, aber zack!«

»Aye, Sir.« Die Beleuchtung wird dunkler.

»B'Ellana, weiter!«

Torres schwitzt wie noch nie. »Mist! Das Programm rekonfiguriert die Subprozessoren und kompensiert jede Veränderung der Brühparameter! So geht's also nicht ... Und die Subraumturbulenz weitet sich aus!«

»Verdammt ...«

Da meldet sich der Maschinenraum:»Captain, wenn wir noch mehr Energie abziehen, lässt sich die Dilizium-Matrix nicht mehr reinitialisieren! Sie wissen, was das bedeutet ...«

»Nein, weiß ich nicht, und es ist mir auch scheißegal! Die Subraumturbulenz weitet sich aus! Wir brauchen noch mehr Energie!«

»Da ist noch ein lokales Eindämmungsfeld, das brächte ein paar kW ...«

»Wir brauchen jedes Milliwatt! Los!«

Torres überspielt ihre nasse Uniform und setzt eine besorgte Miene auf:»Captain, ich habe versucht, die autonomen Kontrollen des Brühprogramms zu überbrücken und auf die Brücke zu transferieren, damit Tuvok eine Analyse erstellt ...«

»Und?«

»Die Kontrollen sind blockiert! Außerdem haben wir jetzt auch noch einen Kaskadenausfall in der Kaffeemühle ...«

»Ist das gefährlich?«

»Und wie! Die Subraumturbulenz kann explodieren, das Raum-Zeit-Kontinuum zusammenbrechen und ein Wurmloch erzeugen, das alles in diesem Quadranten aufzehrt ...«

»Und sonst?«

»Der Kaffee wird verdammt schwach ...«

»*Grellroter Alarm.*« Janeways Stimme überschlägt sich:»B'Ellana, so tun sie doch was, Herrgott!«

Torres strahlt:»Moment, Captain! Ich glaube, ich hab's! Gravimetrische Verzerrungen, verursacht durch Quantensingularitäten, haben die Brühparameter beschädigt! Schnell, den Plasma-Löscher! *Schnell!*«

Janeway schmeißt ihr den Löscher zu:»Hier!«

Torres schießt eine volle Dröhnung in die Filtertüte, worauf die Subraumturbulenz böse wabernd auf das Doppelte anschwillt:»Scheiße, das war's nicht! Jetzt haben wir ein *echtes* Problem!«

»*TOOOOORRRRRRRREEEESSSSSSSS!!!*«

Janeway ist einem Nervenzusammenbruch nahe.

»Torres an Maschinenraum: Ort-zu-Ort Transport des Plasmakerns in die Filtertüte!«

»Was wird das, B'Elanna?«

»Ich probiere nur was aus ...«

Als der Warp-Kern in der Filtertüte materialisiert, erzeugt der Ionenaustausch zwischen dem Kern und der Turbulenz eine brandneue achtdimensionale Irgendwas-Verzerrung, für die es noch nicht einmal einen Namen gibt: »Scheiße! Sieht geil aus, ist aber voll Scheiße!«

»Reden Sie Klartext ...«

»Ich fürchte, das wird nichts mehr mit dem Kaffee... Achtdimensionale Irgendwas-Verzerrungen sind nicht mehr zu kompensieren. Ich fürchte, das war's. Le-  ben Sie wohl, Captain. Wäre bestimmt ein astreiner Mokka geworden ...«

Janeway wendet sich in ihrer Verzweiflung an die Brücke: »Tuvok, haben Sie irgendeine Idee?«

»Nun, Captain, das Sternenflottenprotokoll sieht keine Subraumturbulenzen in einer Filtertüte vor.«

»Aber mal angenommen, es wäre ein entsprechender Eintrag vorhanden, was würden sie tun?«

»Den Stecker ziehen.«

Torres und Janeway klatschen sich gleichzeitig gegen die Stirn: »Natürlich! Logo! Klar! Den Stecker ziehen!«

Gemeinsam hechten Sie los und ziehen den Stecker aus der Sternenflotten-Steckdose. Daraufhin erlischt die Turbulenz, die Maschine verstummt, das Raum-Zeit-Kontinuum normalisiert sich, aus der achtdimensionalen Irgendwas-Verzerrung wird feuchter Schmutz, und ein Milliliter Kaffee plörrt in die Kaffeetasse.

»Na also!«

Captain Kathryn Janeway genießt ihren Kaffee: »Dieses Aroma, dieser Duft ... War doch gar nicht so schwer, was, Torres ...?!«

Survival-Training im Teutoburger Wald

Jeder hat schon einmal davon gehört; es ranken sich viele Gerüchte, Sagen und auch Schauermärchen um diesen unheimlichen Ort, den Teutoburger Wald.

Dieser dichte, beinahe dschungelartige Wald bietet vielerlei Gelegenheiten für heimtückische Morde, simple Handtaschendiebstähle (zuweilen mitsamt Hand), rasche und unkomplizierte Entsorgung von Alt-PKWs, Test von ABC-Waffen unterschiedlichster Art mit anschließender, vehementer Dementierung, Sechs-Tage-Rennen (um einen Baum), Sechs-Tage-Pennen (unter einem Baum), Open-Air-Jeopardy mit anschließendem Aufknüpfen des Verlierers (alternativ auch des Moderators, unabhängig vom Ausgang des Quiz'), Ringelpiez mit Anfassen und vielem mehr.

Eines aber wurde noch nie dort probiert, nicht zuletzt deshalb, weil allein der Gedanke daran schon mörderisch ist. Harmloses Spazieren gehen, zum Beispiel. Oder das Überleben im Teutoburger Wald für mehr als vierundzwanzig Stunden ohne irgendwelche Hilfsmittel!

Und wenn ich sage, keine Hilfsmittel, dann meine ich, keine Hilfsmittel: Keinen Geländewagen! Keinen Butler! Keinen Playboy! Keinen Videorecorder mit 16:9-Mega-Giga-Gibsnich-TV, Dolby Surround/THX und Relax-Sessel! Keinen Butterkeks! Nicht einmal ein schlichter Kühlschrank mit idealtemperiertem Bier!

Sie werden sich jetzt fragen: Kann ein Mensch ohne dieses Equipment überhaupt mehr als zehn Minuten überleben? Ohne bleibende Schäden? Dieselbe Frage stellte ich mir auch, und so machte ich ganz spontan den ultimativen Selbsttest.

Ein voller Tag im Teutoburger Wald ohne irgendwelche Hilfsmittel, nur mit dem, was ich gerade bei mir trug: Geländewagen, Butler, Playboy, Videorecorder mit 16:9-Mega-Giga-Gibsnich-TV, Dolby Surround/THX und Relax-Sessel, Butterkeks und einen schlichten Kühlschrank mit idealtemperiertem Bier. Ich war praktisch nackt.

Das Experiment konnte beginnen!

13 Uhr.

Ich setze mich in den Geländewagen und befehle dem Butler, in den Teutoburger Wald zu fahren. Er antwortet mit einem entsetzten Blick: »In den Teutoburger Wald? *Den* Teutoburger Wald?«

Meine sonore Stimme gibt ihm Selbstvertrauen: »Ja, in *den* Teutoburger Wald. Wir machen ein Picknick, vierundzwanzig Stunden. Nix Wildes.«

Der Butler scheint eingefroren und starrt mich weiterhin ungläubig an.

»Mach hinne«, fahre ich ihn an, »es ist doch nur der Teutoburger Wald ...«

Als er mit zitternden Händen den Zündschlüssel dreht und kreidebleich losfährt, habe ich innerlich schon das Kündigungsschreiben formuliert. Es ist halt noch immer verdammt schwer, zuverlässiges Personal zu bekommen. Dabei ist er mit einer Mark fünfzig pro Stunde schon übertariflich bezahlt, wozu also diese Zicken?

Egal, ich mache mir darum jetzt keine Gedanken und genieße einfach die zehn Meter Fahrt vom Parkplatz Johannisberg zum Waldrand. Oberflächlich betrachtet, scheint dieses idyllische Stück Wald keinerlei Schrecken auszustrahlen: Lustige Hoppelhäschen vermehren sich zwanglos, Blumen und Sträucher spenden wohligen Schatten inmitten der sengenden Mittagshitze, und der Boden unter den Füßen ist angenehm kühl. Bei näherem Hinsehen offenbart sich dem Kenner dagegen das ganze Grauen dieser Szenerie: Lustige Hoppelhäschen? Von wegen!

Störe *nie* kopulierende Häschen! Ganze Generationen wissbegieriger Wanderer mussten ihre Neugier mit dem Leben oder zumindest drei Punkten in Flensburg bezahlen, weil sie diesen ersten Grundsatz missachtend den Fortpflanzungsdrang der Häschen aus nächster Nähe beobachten wollten.

Die Blumen und Sträucher sind ausnahmslos hochaktive Brennnesseln, extrem dornige Krüppelrosen oder undurchdringliche, klebrige Klettergewächse unaussprechlichen Namens. Der Boden unter den Füßen ist nicht nur angenehm kühl, sondern klitschnass, weil an dieser Stelle alle Waldis und Bellos Bielefelds ihr Revier markiert haben ... Und da soll ich rein? Zu Fuß? Nix da! Wozu habe ich das zweihundert PS allradgetriebene Geschoss unter dem Arsch schließlich?

Den unfähigen Butler auf die Ladefläche verdammt, geht's mit Vollgas in das Naturschutzgebiet. Das entsprechende Schild wird als erstes umgenietet, kurz darauf der Urinalsee mit den 225ern Niederquerschnittreifen auf ein lächerliches Rinnsal zurückgestutzt. Der Rammbügel macht seinem Namen alle Ehre und fegt das lästige Gestrüpp mit Leichtigkeit zur Seite, so dass ich freie Sicht habe und mit dem Zielstern auf der Motorhaube exakt die beiden Augenpaare anpeilen kann, die sich vorhin noch ungeniert ruckelnd auf der Lichtung vergnügten.

Nicht, dass ich irgend etwas gegen Hasen habe, aber es hat mich schon immer brennend interessiert, ob Hasen fliegen können - und wenn ja, wie weit. Zwei Sekunden später habe ich die Antwort: Ja, Hasen können fliegen. Sogar ziemlich weit, und sie zappeln dabei mit ihren kleinen Gliedmaßen wie verrückt hin und her. Ein herrlicher Anblick! Ich bin derart fasziniert von den majestätischen Flugbewegungen der hilflosen Nager, dass ich die nahende Eiche fast völlig übersehe und erst in letzter Sekunde voll auf die Bremse trete.

Ich kann den Aufprall zwar nicht mehr ganz vermeiden, aber ich bin ja angeschnallt, der Wagen ist vollkaskoversichert, und außerdem erhalte ich so Antwort auf meine zweite, brennende Frage: Ja, auch Butler können fliegen. Sogar ziemlich weit, und sie zappeln dabei mit ihren Armen und Beinen wie verrückt hin und her.

Der Flug wirkt allerdings nicht ganz so majestätisch; die entgleisten Gesichtszüge des unkontrolliert dahinrasenden Dieners unterstreichen nur den laienhaften Eindruck, den die kuriose Flugbahn bei mir hinterlässt, und nach dem abrupten Ende des Fluges an einer mächtigen Buche weiß ich: Butler sind wohl doch nicht zum Fliegen geboren.

Als James nach zehn Minuten wieder gerade stehen kann, vertraue ich ihm das Gepäck an. Der Wagen ist nicht mehr fahrbereit, und irgend jemand muss den ganzen Seremon schließlich mitschleppen. Ich habe mir beim Aufprall eine schmerzhafte Abschürfung am linken Daumen zugezogen, die so heftig ist, dass sie wahrscheinlich bluten würde, wäre sie nicht so verschwindend klein.

Der Butler hingegen ist unversehrt: Platzwunde auf der Stirn, ausgekugelter rechter Arm, klaffende Fleischwunde am Knie und auf dreifache Größe angeschwollene Unterlippe - was ist das schon gegen meine lebensgefährliche Hautabschürfung?

Ich ignoriere den irrsinnigen Schmerz im pochenden, linken Daumen und gebe die Marschrichtung vor:»Los, James, keine Müdigkeit vorschützen! Da geht's lang.«

Ohne eine Antwort abzuwarten, marschiere ich los, mitten in Richtung Zentrum des Teutoburger Waldes. Klapprige, bleiche Gebeine und alte Scout-Schulranzen, die uns auf dem Weg immer wieder vor die Füße kommen, sind stumme Zeugen jener verzweifelten Versuche vorheriger Expeditionen, das Unmögliche möglich zu machen und vierundzwanzig Stunden im Teutoburger Wald zu überleben. Ob wir es schaffen werden ...?

Der Butler scheint nicht sonderlich trainiert zu sein, denn nach kurzer Zeit fragt er schon:»Wie lange ist es denn noch, Sir?«

Ich kann die Uhrzeit anhand des Sonnenstandes nur grob abschätzen: Es ist vierzehn Uhr, fünfunddreißig Minuten und zwölf Sekunden. Die Zehntelsekunden kann ich aufgrund des atmosphärischen Luftflimmerns nicht mehr erkennen.

»Wir haben gerade mal eine Stunde geschafft, und sie nörgeln hier schon rum? Mann, James, jetzt reißen sie sich mal zusammen, so viel Blut haben sie nun auch wieder nicht verloren!«

Die rote Spur, die er hinterlässt, spricht eine andere Sprache, aber ein Butler muss ja nicht alles wissen.

James murmelt irgend etwas Unverständliches durch seine überdimensionalen Lippen und geht tapsig weiter. Sein Gang ist nicht gerade sicher, und ab und zu sieht es fast danach aus, als wenn er das Gleichgewicht verlieren würde. Vielleicht habe ich ihm doch etwas viel aufgebürdet, James verschwindet ja fast unter dem Gepäck! Ich kann das Elend schließlich nicht länger mit ansehen und ergreife die Initiative. »James?«

»Ja bitte?«

»Ähem ... nun, ich glaube, dass ... also, wie wäre es, wenn ich ihnen etwas abnehmen würde?«

Als James sich umdreht und mit einem überglücklichen Strahlen in den Augen antwortet, weiß ich, dass ich das richtige getan habe: »Das würden sie wirklich machen? Ooooh, das ist zu gütig von ihnen! Vielen Dank, Sir, vielen, vielen Dank!«

»Schon gut, James. Ist doch selbstverständlich, dass ich Sie etwas entlaste. Also, dann mal her mit dem Butterkeks.«

Der Gesichtsausdruck, mit dem mir James den Butterkeks überreicht, ist irgendwo zwischen Abscheu, Unglaube, Entsetzen, nacktem Irrsinn und bodenloser Enttäuschung angesiedelt. So ein Butlerleben ist eben kein Zuckerschlecken! James wusste, worauf er sich einließ, als er den Job annahm, jetzt soll er nicht herummeckern.

»Besser so, James?«

Die Antwort kommt mir irgendwie etwas sarkastisch vor.

»Vieeeeeeeel besser! Dieser monströse, überdimensionale, tonnenschwere Butterkeks, gegen den der Kühlschrank ein Nichts und die HiFi-Anlage ein feuchter Dreck ist, hat mir wirklich schwer zu schaffen gemacht. Danke, Gebieter, untertänigsten Dank!«

Wo hat James das nur her? Dieses Aufmüpfige? Nun, die nächste Lohnabrechnung wird ihn in seine Schranken verweisen. Aber der Hinweis auf den Kühlschrank war Gold wert. »James, es ist Zeit für eine Bierpause. Dort drüben, an der Lichtung, werden wir uns etwas Kühles hinter die Binde kippen!«

Kaum angekommen, öffne ich den Kühlschrank und ergreife das kühle Nass. James macht Anstalten, sich auszuruhen.

»Habe ich irgend etwas von Hinsetzen gesagt?«

James schnellt wieder nach oben, und der Kühlschrank wackelt bedenklich auf seiner rechten Schulter.

»Nicht so hastig, James! Mein Gott, und wie sie schwitzen! Gehen sie mal ein paar Schritte beiseite, dieser Gestank ist ja nicht auszuhalten!«

Während ich es mir auf dem Relax-Sessel bequem mache, kommt mir James auf der Lichtung irgendwie verloren vor, wie er so dasteht und die Wildschweine ihn anpinkeln.

»Etwas mehr nach rechts, James, die Sonne blendet!«

Er torkelt einen Schritt nach rechts. Da sehe ich genau in seiner Laufrichtung eine große Fäkalansammlung, die wohl von demselben Wildschwein stammt, das gerade an seinem feuchten, rechten Bein schubbert, und der Schalk erwacht in mir: »Noch weiter nach rechts, James, bis ich stopp sage!«

James schwankt weiter nach rechts und nähert sich immer mehr dem schmeißfliegenbehafteten Dunghaufen.

»Noch etwas, James, nur noch ein kleines Stück!«

Als James den Zielort erreicht und massiv ausrutscht, sehe ich das Schauspiel fast schon wie in Zeitlupe: Zuerst rutscht sein linkes Bein weg und verschmiert den Fladen großflächig.

Er versucht verzweifelt, den ersten Spagat in seinem Leben aufzuhalten, aber die Last auf seinen Schultern hat die stärkeren Argumente, und so wird der Abstand zwischen seinen Füßen zusehends größer. Jeder Mensch weiß, dass man vorher Dehnübungen machen soll, vor allem, wenn man untrainiert ist! Aber James weiß es mal wieder besser. Er versucht, nach einem Ast zu greifen, aber das Wildschwein, diese Sau, hat den Stuhl so geschickt platziert, dass James jeden Ast nur mit den Fingerspitzen berühren kann. Herrlich! Als der Spagat vollendet und so circa drei bis vier Sehnen gerissen sind, scheint James fast glücklich zu sein, endlich auf dem Stinkeberg sitzen zu können. So glücklich, dass ihm die Tränen über die Wangen kullern.

Ich kann mir eine kleine Bemerkung nicht verkneifen: »Scheiße, was, James?«

Wenn Blicke töten könnten ...

Aber gut, die Dämmerung bricht herein, und so beschließe ich, die Nacht an Ort und Stelle zu verbringen. Es ist mittlerweile sieben Pilsbier später, und Langeweile macht sich breit. Ich blättere lustlos in dem Playboy. Langsam wird es empfindlich kühl, so dass wir uns ein Lagerfeuer machen müssen.

»James, legen Sie mal kurz den Krempel beiseite und holen Sie etwas Brennholz.«

James trottet los, und noch nie war sein O-Gang größer als jetzt.

Als er mit einer Ladung Brennholz zurückkehrt, weise ich ihn an, das Feuer zu entzünden. Nach alter Indianerart, mit einem Stück Holz auf dem Boden und einem Stock, den er zwischen den Händen reibt, versucht er, etwas Glut zu entfachen. Seine Bewegung erscheint mir zu langsam.

»Schneller, James, schneller, so wird das nix!«

Er legt einen Zahn zu.

»Noch schneller! Da passiert ja nichts!«

Er erhöht nochmals das Tempo, und seine schwieligen Hände flitzen nur so hin und her.

»Ist das alles, was sie drauf haben, James? Wo bleibt der Qualm?«

James atmet schwer, als er noch schneller wirbelt und die ersten Blasen in seinen Handflächen aufplatzen.

»Na also, es geht doch! Weiter so!«

James schwitzt derart unmenschlich, dass ich mir Sorgen um seinen Wasserhaushalt mache. Vielleicht darf er doch gleich die Reste zusammenkippen und etwas abgestandenes Bier trinken - sofern er gleich noch bei Bewusstsein ist ...

Auf einmal sehe ich Qualm aufsteigen: Er hat es doch wohl nicht wirklich geschafft? James, der alte Trapper!

Er quetscht die Worte nur so hervor: »Schnell, Sir, ich brauche etwas leicht brennbares, die Glut allein reicht nicht aus!«

Hmmmm ... gute Frage, was kann man dem armen Menschen nur geben?

»Schnell! Ich kann nicht mehr lange!«
Mein Blick schweift umher, aber ich kann nichts Passendes entdecken.
»Schneeeelll!«
Das Laub auf dem Boden ist zu feucht, das geht nicht. Mensch, was nimmt man bloß?
»Schneller!!«
Rein zufällig fällt mein Blick auf den Playboy.
»Ja, Siiirrr! Genau! Schneeeellll!!! Der Playboy!«
Das ist doch wohl nicht sein Ernst? Den Playboy opfern?
»Ich weiß nicht recht, James ...«
Er schnappt mühsam nach Luft, als er die Antwort hervorquetscht: »Aarrrrgh! Muskelkater! Papier! Schnell!«
Das Playmate der Monats in Flammen aufgehen lassen? Das muss gut überlegt sein ...
Seine Hände sind bereits bis zur untersten Hautschicht abgerubbelt, als er kaum wahrnehmbar antwortet: »Arrghhh! Uuaooohh ... Pa ... pa ... papiiiiiier!«
Andererseits, die Bilder habe ich schon alle verschlungen. Und den Text lese ich sowieso nie durch.
»Glglglgl! Aaahhh ... papp ... ooohh. Kann ... nicht ... mehr ...!«
Na ja, vielleicht das Impressum. Wenn er Bitte sagt.
»Wie sagt man, James?«
»Waaaaas? Arrgh ... hmmm ... ich ... aoouhhhh ...!«
»Wie sagt der kleine James?«
»Verd ...«
»Ich höre nichts!«
»Bi ... bi ... BITTTTEEEEEEEE!«
»Na also, warum nicht gleich.«
Gelangweilt reiche ich ihm den Fetzen Papier, und er schafft es tatsächlich, es in Brand zu setzen. Er wetzt zum Holzhaufen, sucht sich ein kleines Aststück aus, sprintet (ich würde eher sagen, wankt) zurück und entfacht den Ast gerade noch rechtzeitig, bevor das Papier erlischt.
»Bravo, James!« heuchle ich Begeisterung. Aber ich gönne ihm die kleine Freude, als er seine rotglühenden Hände im feuchten Moos abkühlt. Lagerfeuer kann er machen, das muss ich ihm lassen. Aber das Beste kommt ja noch: Mein Fernsehabend!
Heute läuft »Massaker on Broadway Halloween Terminator Judgement Shining Alien Monster Street«, der erste Teil der Krüppel-Saga. Aber woher den notwendigen Strom bekommen?
»James, wir brauchen Strom!«

»Häää?«

»Strom, James! S- T - R - O - M! Das komische Zeugs aus der Steckdose!«

»Aber Sir, wie sollen wir hier ...?«

»Das ist ihr Problem. In zehn Minuten läuft der erste Teil der Krüppel-Saga, also - reinhau'n statt blöd schau'n!«

James wirkt etwas gehetzt, als er planlos umherschweift und sämtliche Büsche und Sträucher nach Schuko-Steckdosen absucht. Herrje, muss man denn alles selber machen? Neulich lief McGyver, der hatte aus feuchtem Laub, zehn Ameisen, zwölf Pfund Torf, R213a Kühlmittel und einem gebrauchten Butler ein regeneratives Furzkraftwerk gebastelt, das kann doch nicht so schwer sein.

»James, kommen sie mal her!«

»Tut mir leid, bisher habe ich noch keine Steckdose ...«

»Schon gut, James. Reichen sie mir mal das Laub!« Ich forme aus dem Laub eine DIN-Schuko-Steckdose. »Und jetzt die zehn Ameisen!« Ich hänge die Ameisen aneinander und bastele so einen provisorischen Kupferdraht, den ich an die Steckdose anschließe.

»Jetzt den Torf!«

»Welchen Torf, Sir?«

»Na, den Torf, der da noch zwischen Ihren Beinen hängt ...«

James ist peinlich berührt, als er den Dung abkratzt und nach meinen Anweisungen das eigentliche Kraftwerk formt.

»Händewaschen nicht vergessen! Und jetzt das Kühlmittel.«

Als James den Kühlschrank auseinanderreißt und das Kühlmittel austritt, hat er sich an den scharfkantigen Metallteilen einige Schnittwunden zugefügt. Aber wie war das noch gleich mit dem Zuckerschlecken ...?

»Gut, James, leiten Sie das Kühlmittel ins Kraftwerk!«

Er steckt das Kupferrohr in den Einfüllstutzen am Kraftwerk, und der Haufen beginnt sich aufzublähen, als er sich langsam füllt. Ich schließe den Kupferdraht am Kraftwerk an.

»Alles klar, James. Jetzt brauchen wir nur noch den Katalysator, der die Reaktion in Gang setzt und aufrecht erhält. Sie wissen, was das bedeutet?«

»Nicht so ganz ...«

»Ganz einfach: Hose runter, draufsetzen und blähen, was das Zeug hält!«

»Sie meinen ...«

»Ganz recht! Los jetzt, der Film fängt an!«

Als sich James auf den Haufen setzt und langsam seine Verdauung aktiviert, kann ich mir ein Grinsen nicht verkneifen. Junge, sieht das lächerlich aus! Aber egal, ich habe jetzt Strom und erfreue mich an den Film.

Ich nehme die letzte Pulle aus dem Kühlschrank, genieße den Butterkeks und schaue mir den Film an, während James sein ‚Bestes‘ gibt.

Gegen Mitternacht ist der Film (und James) am Ende, und es wird ausgelost, wer Wache schiebt:»Ene meine muh, und raus sind sie, James, weil ich es so will und sie vertraglich dazu verpflichtet sind, und deshalb gehe ich jetzt schlafen, gute Nacht.«

Bei dem Gestank, der sich um James herum breit gemacht hat, wird er sowieso kein Auge zudrücken können! Ich drehe mich um und lege mich in gebührender Entfernung auf den Relax-Sessel zum Schlafen nieder. Die Luft um James herum flimmert, ein Zeichen, dass er es ebenfalls wohlig warm hat.

Als ich am nächsten Morgen ausgeruht und entspannt aufwache, sitzt James mit glasigen Augen da, ein Schatten seiner selbst: Ausgemergelt, der Anzug völlig zerfetzt, der ausgekugelte Arm auf Halbmast, blutleer, kaum ansprechbar, die Lippen auf Fleischwurstgröße angeschwollen und aus unerfindlichen Gründen etwas niedergeschlagen.

»James, was ist los?«

»Nichts.«

»Aber James, die Sonne lacht! Die Luft um sie herum flimmert! Das Wildschwein ist da und frischt Ihr rechtes Bein wieder auf! Sie haben noch über einen Liter Restblut in Ihren alten Knochen, so viel verlieren andere auf dem OP-Tisch während einer harmlosen Hodenvergrößerung. Besser geht's doch gar nicht, und in nur drei Stunden haben wir's geschafft! Also, zack, aufgestanden, es geht weiter ...!«

Als James sich aufrappelt und den Relax-Sessel auflädt, plappert er nur irgendetwas von »Und das für einsfünfzig die Stunde ...«

Ich überhöre die Bemerkung und marschiere frohgemut zurück zum Jeep. James schleppt sich hinterher und keucht mir die Ohren voll.

Als er zum wiederholten Male stolpert und mit einem irrsinnigen Krach der Turm aus HiFi-Komponenten, Massivholzmöbel und ausrangiertem Kühlschrank auf den Boden knallt, wird's mir zu bunt: »Verdammt, James, geht das nicht etwas leiser? Ich habe empfindliche Ohren. Wenn sie schon stolpern, dann gefälligst geräuschlos!«

Das schien gewirkt zu haben, denn die kommenden drei Stunden war nichts mehr zu hören. Kein Keuchen, kein Krachen, nicht der geringste Laut. Herrlich!

Als ich aus dem Dickicht hervortrete und den Parkplatz erreiche, drehe ich mich herum, um James zu den überstandenen vierundzwanzig Stunden zu gratulieren: »James, gratul ... James? James, wo sind Sie?«

James ist weg!

Irgendwo in den letzten drei Stunden ist er mir abhanden gekommen. Aber lohnt es sich, für einen Butler die Polizei zu rufen und eine Suchaktion zu starten? Ich glaube, nein. Außerdem spare ich mir so das Kündigungsschreiben.

Auf jeden Fall aber weiß ich: Es ist doch gar nicht so schwer, im Teuto zu überleben! Ganz im Gegenteil, es ist kinderleicht. Nur eben nix für Butler ...

LAVA –
Programmieren mit Stil

Vergesst C++! Pascal ist tot. Visual BASIC für Analphabeten. Perl für überalterte Hochschulprofessoren mit Echtzeit-Komplex. Java ist kalter Kaffee. Kurz: Auf dem Markt lungert nur Schrott herum, der schwer zu erlernen, noch schwerer zu behalten, und sowieso nicht absturzfrei zum Laufen gebracht werden kann ...

Zeit für eine Revolution!

Denn jetzt kommt **LAVA**: **L**ässige **A**nweisungen **V**on **A**hnungslosen! Eine Programmiersprache, heiß wie ein Vulkan ..., und absolut absturzsicher: Denn was gar nicht erst läuft, kann auch nicht abstürzen - und macht einen Heidenspaß. Jetzt kann wirklich *jeder* hacken, der weiß, wie man einen PC einschaltet.

Wie, das glauben Sie nicht? Dann lesen Sie einen Auszug aus dem ersten Programmierhandbuch»Serverabsturz in drei Sekunden mit LAVA«, und sie werden nichts anderes mehr programmieren wollen!

DAMALS:
```
if <Bedingung>
then <Anweisung>
else <Noch `ne Anweisung>
```
Unglaublich missverständlich! Wozu *else?* Ich kenne keine Else!

HEUTE:
LAVA spricht hier Klartext:
```
if <Bedingung>
then <Anweisung>
and <Schuldzuweisung an Kollegen>
```

DAMALS:
```
print "Hello, World"
```
Nimmt gar keine Rücksicht auf heutige, leistungsfähige Hardware. Lächerlich!

LAVA:
```
say "Hey, Sackgesicht" [with <Kinnhaken>]
```
Der Computer spricht einen an - ein ganz anderer Eindruck! Mit dem optionalen Kinnhaken ist der Eindruck noch bleibender. Und selbstverständlich bietet LAVA eine umfangreiche Liste der gängigsten Schimpfwörter in siebenunddreißig verschiedenen Sprachen - was will man mehr?!

DAMALS:
```
var   zaehler, ergebnis, teiler, summand
      integer;
ergebnis: real;
text: string[200]
```
Ein derartiger Wust an Anweisungen, nur um ein paar mickrige Variablen zu deklarieren? Oh Gott, wäre LAVA bloß früher erfunden worden, dann sähe die Sache anders aus ...

LAVA:
```
gimme speicher [ganzen Arsch voll]
```
Kurz, bündig, prägnant: Speicher satt mit zwei Wörtern! Optional sogar bis zum Abwinken! *Das* nenne ich Speicherplatzreservierung ...

DAMALS:
```
nop
```
Ein Befehl, der nichts tut. Faulheit in Reinkultur. Rechenzeitverschwendung par excellence. Hätte von Microsoft erfunden sein können. An sich eine gute Sache, aber auch Gutes lässt sich verbessern ...

LAVA:
```
do <nix>
do <gar nix>
do <rein gar nix>
do <wirklich absolut und überhaupt nix>
usw. usw....
```
Je nach Landessprache und Rechnerausstattung kann man so bis zu zweiunddreißig GByte Speicher sinnlos verschwenden und die CPU bis zum Stillstand heruntertakten. Hier haben sich die Entwickler von LAVA wirklich Mühe gegeben! (Ein mächtiger *UNDO*=Un-tun-Befehl, der noch weniger macht und noch mehr Ressourcen verprasst, ist in Vorbereitung ...)

DAMALS:
```
switch (Byte)
{
case 1: <Anweisung>
case 2: <Anweisung>
}
```
Warum so kompliziert, nur um eine Auswahl zu treffen? Und wer kann schon das Zeichen ›}‹ auf der Tastatur erreichen, ohne sich die Pfoten zu brechen?

LAVA:
```
take <das Beste>
```
Das kapiert jeder: Nimm das Beste! An der Käsetheke lässt man

90

sich schließlich auch das prallste, saftigste uns stinkende Stück Harzer Roller rüberschieben!

DAMALS:

```
for <Zählvar.-Name> from <Ausdruck> by
<Ausdruck> to <Ausdruck> while <Ausdruck>
repeat
```

Balla balla ... In der geschlossenen Anstalt geistig verwirrter Programmierer in Bethel, Hochsicherheitstrakt, werden solch abstrusen Perl-Sequenzen abnormalen Hirnen herausgepresst!

Wozu zwölf Jahre Hochschulstudium, nur um den ersten Teil dieses Wiederholungsblocks zu verstehen, wenn's doch so einfach geht ...

LAVA:

```
For <durst> repeat <schlork [pils | korn
| schnaps | saurer | etc.]>
```

Eine derart eingängige Struktur versteht jeder Laie intuitiv: Solange Durst, hau wech! Noch Fragen?!

Spezielle, völlig neue, ultracoole Anweisungen in LAVA:

Was Sie bislang in jeder anderen Programmiersprache vermissten – LAVA hat's!

```
Why?
```

Die Frage aller Fragen, wenn ein Programm nicht funktioniert. In LAVA drin. Feine Sache das. Unnütz zwar, aber sauber implementiert.

```
Why not!
```

Die Antwort auf *why?* ist in LAVA serienmäßig eingebaut. Prädestiniert für eine selbstverarschende Todes-Rekursion.· *Why? Why not! Why? Why Not! Why* ..., das rafft jede CPU dahin. Leicht und todsicher. Versuchen Sie das mal in C!

```
coffee [mit Milch + Zucker, serviert]
```

Der Computer geht in die Küche, kocht einen Kaffee mit Milch und Zucker, und serviert ihn dem Programmierer brühfrisch. Doch, das klappt wirklich! Ja! Kein Scheiß! Was kann ich denn dafür, wenn Ihre Hardware noch nicht so weit ist ...?

`gates` [Währung]
Bislang wusste man nie, welchen Schaden Microsoft-Programme verursachen, wenn mal wieder Excel mit der Firmenabrechnung abstürzt, oder Money die Aktienkurse verschlampt. Schluss damit! LAVA zeigt den Schaden *vor* dem Absturz an, standardmäßig in Dollar, optional auch in Euro, DM oder Bananen.

New Paralympics

Es ist bald wieder soweit: Eintausend Schwerstbehinderte aus dreihundertsiebenundvierzig Ländern mit circa zweiunddreißigtausendvierhundertsechsundsiebzig verschiedenen Gebrechen versammeln sich, um die Paralympics abzuhalten! ATTACKE hat recherchiert und Unglaubliches herausgefunden: Erstmals seit Behindertengedenken werden neue Sportarten eingeführt! Sportarten fernab von Sinn und Verstand, aber dafür mit Lachgarantie und hohem Schmunzelfaktor.

Unser unfreiwilliger Außendienst-Mitarbeiter, dessen Name hier nichts zur Sache tut, und deshalb erst später im Artikel genannt wird, hat unter Lebensgefahr das streng geheime Skript des paralympischen Komitees gelesen, um Ihnen die aufregendsten und schwachsinnigsten Neuerungen vorzustellen. Aber lesen Sie selbst.

1. 10km Einarm-Delphinschwimmen
Dieses Wettschwimmen wird in einem kreisrunden Becken mit Rundenzähler abgehalten. Bei jedem »Pling!« wird ein weiterer hungriger Piranha ins Becken gelassen, um die Spannung zu erhöhen.

2. Glasaugen-Billard
Jeder Teilnehmer stellt seine Kugel hier selbst zur Verfügung, und nur der Sieger bekommt seine eigene zurück. Die anderen Kugeln werden nach dem Losprinzip zurückgegeben und die restlichen Platzierungen erst nach einem Sehtest vergeben.

3. Beinprothesen-Weitschleudern
Die Sportler werden auf einen Rütteltisch geschnallt, der sich mit sechstausend Umdrehungen pro Minute dreht. Die vorher gelockerten Beinprothesen müssen sich innerhalb von fünf Minuten lösen und möglichst weit in die richtige Richtung fliegen.

Alternativ kann sich auch der Sportler losrütteln und losschiessen, wobei dann Bonuspunkte für das grässlichste Gesicht während des Fluges (Zeitlupe, Großaufnahme, Aufschlagfoto) vom Publikum vergeben werden.

4. 1000m Rollstuhl-Hürdenlauf

Vor jeder Hürde wird eine kleine Rampe aufgebaut, die die Sportler mit mindestens einhundert Stundenkilometer passieren müssen, um eine Hürde überspringen zu können.

Aus diesem Grunde sind erstmals Verbrennungsmotoren zugelassen, um die Muskelarbeit der Kontrahenten zu unterstützen. Spektakuläre Crashs und furiose Flüge sind hier garantiert!

5. Blindstrom

Die blinden Sportler fassen zwei Elektroden mindestens zehn Sekunden lang an, um die angelegte Spannung möglichst genau zu erfühlen und anzusagen. Die schlechtesten Spieler scheiden nach dem K.O-Prinzip aus, und eine neue Runde mit erhöhter Elektrodenspannung beginnt.

Das Finale bei zwölf Kilovolt sollten Sie sich nicht entgehen lassen!

6. Bobfahren

Alle Sportler mit einem IQ unter dreißig, die Bob heißen, bekommen Kufen auf den Bauch geschnallt und werden als todesmutige Schlitten für das High-Speed-Rodeln (Fünfzig Prozent Gefälle auf zehn Kilometern Länge) auf der eigens dafür errichteten Trockeneisbahn benutzt.

Während der Bob anschließend auftaut, werden die Sieger gekürt.

7. Stabhochsprung

Der Sprungstab wird in eine Bodenhalterung gesteckt, bis zum möglichen Maximum gebogen und arretiert. Die gehbehinderten Sportler halten sich an einer Stelle ihrer Wahl am Stab fest, und die Sperre wird gelöst.

Neuartige Materialien aus der Weltraumforschung ermöglichen hierbei Beschleunigungswerte von bis zu $200m/s^2$ und daraus resultierend Sprunghöhen von über fünfzig Metern.

Ob die Matte, die den harten Aufprall der Sportler dämpft, ein oder zwei Millimeter dick sein wird, ist derzeit noch unklar.

Allgemeine Neuerungen:

Die aus dem massiv erhöhten Schwierigkeitsgrad resultierenden unfreiwilligen Slapstickeinlagen und voraussichtlich fünfundsiebzig verschiedenen Knochenbrechgeräusche lockern die Olympiade enorm auf.

Abhanden gekommene Prothesen werden meistbietend unter dem Publikum versteigert, um den Zuschauer »... in das Geschehen einzubinden«. Die besten Szenen der Olympiade werden als Splatter-Video verkauft. Die gesamten Einnahmen aus der Olympiade kommen einem gemeinnützigen Zweck (Hemmungsloses Versaufen durch die Funktionäre) zugute.

Die Sauerei machen teilzeitbeschäftigte Taubstumme weg, die sich so einschleimen und bei der nächsten Olympiade dabei sein wollen.

Ach ja: Unser unfreiwilliger Mitarbeiter hat einen ersten Testlauf auf einem nachgebildeten Parcours nicht überlebt. Er wurde deshalb fristlos gekündigt.

Warum kost' Kaffee nix?

Es ist schon merkwürdig: Der Spritpreis steigt, die Miete steigt, der Messner steigt, der Wasserstand beim Strullen steigt, der Östrogenspiegel steigt - nur der Kaffeepreis, der ist seit Jahren bei 9,99 DM das Pfund festgeballert! Wie kommt das?

Hat Tchibo die Packungsgröße verkleinert und das als besonders platzsparenden »Kompakt-Kaffee« verkauft? Hat Eduscho das Rösten eingespart und verkauft die rohen Bohnen nun als »Natural-Kaffee«?

Alles weit gefehlt, der wahre Grund liegt viel tiefer, viel weiter weg, viel abgelegener - im Land des Kaffees, in ...

Kolumbien, irgendwo in der Pampa. Ein Mann mit Schlapphut und Peitsche schaut gen Himmel und blinzelt in die sengend heiße Sonne.»Ganz schön heiß hier, was, Bimbo?!«

Der Ureinwohner flucht nur leise »Muamba, habu te Bakka! Gongo, Gongo!« und pflückt schwitzend weiter die grünen Bohnen von der Staude.

»Was quatschst du da, Bohnenarsch?«

»Muamba, habu te Backa! Gongo, Gongo, deka mambanarschlochomumba!«

Der peitschenschwingende Indiana Jones-Verschnitt versteht nur Bahnhof und kramt in der Tasche nach dem Langenscheidt »Primitive Ureinwohnersprachen mit maximal drei Silben, speziell von dumpfen Kaffeebohnenpflückern«-Lexikon. Er ahnt zwar, dass das alles nicht nur Lobgesänge sind, die ihm da entgegengeschleudert werden, aber er braucht Gewissheit.

Eine Gelegenheit, auf die die seit Urzeiten unterjochten schwarzen Brüder nur gewartet haben: Vom Blättern abgelenkt, passt der Aufseher einen Augenblick nicht auf, und der eben noch knechtende Braunhäutige springt wie in Zeitlupe auf, geschmeidig wie ein grauer Panther, urplötzlich eine mit bloßen Fingernägeln geschnitzte Machete in der Hand, und hechtet zum Sklaventreiber, um ihm die eigentlich doch recht lächerlich aussehende Holzmachete an die Gurgel zu setzen.

Er springt weit, er springt hoch, er springt mit der ganzen, aufgestauten Wut von vierzig Jahren Bohnenpflücken, er springt, wie noch nie in seinem Leben ... und bleibt mit dem linken Fuß in einer Schlingpflanze hängen. Sein Hirn hat noch nicht ganz die

Worte »Huambakackeeee ...!« formuliert, da knallt er auch schon hart und ungebremst längs hin.

Das dumpfe Aufprallgeräusch unterbricht den Aufseher unsanft in seinem Studium des Lexikons: »Was soll denn das schon wieder heißen, Bohnenbastard? ›Huambakackeeee!‹ Das ist doch keine Sprache, das hört sich an wie eine Klospülung! Shit! Aber das kriege ich noch raus, warte nur ...«

Er vertieft sich wieder in seinen Langenscheidt – aber das hätte er diesmal besser nicht tun sollen. Denn der Negergott ›Bronogotto‹ hat ein Einsehen mit dem Pechvogel und dreht den Schaschlikspieß um: Die Spielzeug-Machete entgleitet dem Ebenerdigen und rutscht schnurstracks auf einen afrikanische Bimbobaum zu (der so heißt, weil er ebenso dumpf klingt wie ein Bimbo, der auf die Schnauze fliegt), an der gerade zwölf ausgehungerte Alligatoren lehnen.

Als die Matchbox-Machete den Stamm trifft und ein dumpfes ›Plok!‹ ertönt, schnellen zwölf gierige Mäuler herum, und vierundzwanzig kalte Augen fixieren den Aufseher.

»Grrrrrrr ...« (»Mann, ist der saftig!«)

»Grooaar...« (»Yo, man! Yo!«)

»Grrrruuuarrr ... grrr« (»Hör auf zu rappen, Fred! Ich kann M.C. Hammer nicht mehr hören!«)

»Gooarrr ...« (»Yo, yo ...«)

»GRRRARRRR! (»SCHNAUUUUUZE!«)

»Grrarrhar ... oooarrr ...« (»Was kann ich denn dafür, dass der letzte Touri im Todeskampf den Play-Knopf drückte?«)

»GRRRAARRRR! GRRR! GRRRR! GRRRR!« (»FRISS-NIE-RAPPER-MIT-MP3-PLAYER! NIE!«)

»Grrr ... Gruuuaoorrrr ...« (»Irgendwann werden die Batterien schon streiken. Los, Essen fassen!«)

»Yo, yo.« (»Yo, yo.«)

Der Aufseher ahnt nicht, dass sich das wilde Gebrüll fast ausschließlich um M.C. Hammer dreht und weniger um ihn selbst – trotzdem hat er Grund genug, sich in Sekundenbruchteilen die Hose vollzuscheißen, und kurz vor seinem vielmäuligen Tode erstaunt auszurufen:»Rappende Krokodile?!?«

Als sich die Reptile schließlich satt verziehen, kann der Bohnen-Pflücker, der aufgrund seiner finsteren Hautfarbe von den Krokos nicht bemerkt wurde, sein Glück kaum fassen, und er ruft laut heraus:»Ja! Haut rein! Ja! Ja! Fresst die weiße Sau!«
(Anm. d. Red.: Hammwa für Euch ins Deutsche übersetzt. Wie? Tja, das ist schon komisch, aber im letzten Paar Krokodillederschuhe, mit dem wir nach dem uns überraschend besuchenden GEZ-Fahnder warfen, lag ein Langenscheidt!)
Die anderen strömen zu ihm und fragen:»Was jetzt? Der Blass-Arsch ist weg, fein! Aber was sollen wir mit den ganzen Bohnen machen?«
»Hmmm ... Ich hab's: Auf den Scheiterhaufen! Röstet die verdammten Dinger, bis sie schwarz werden!«
Der wütende Mob stimmt mit ein:»Jaaa! In die Flammen mit dem Dreck! Jaaaaaaaaaaa!«
Die Meute rafft die bislang gepflückten Bohnen zusammen und wirft sie laut grölend in ein eilends entfachtes Lagerfeuer. Sie singen und lachen, taumeln, fallen öfters auf die Schnauze, aber das macht ihnen nichts. Hauptsache, frei.

Am nächsten Morgen werden die Flammen mit Wasser gelöscht (Bohnen brennen wie Hölle!), weil's doch langsam ungemütlich warm wird. Als dann mal wieder einer über eine Schlingpflanze stolpert und ratzfatz Bekanntschaft mit dem nassen Boden macht, schluckt er nicht nur Schmutz, sondern auch seinen ersten Kaffee: Bohnenkaffee! Frisch gebrühten Bohnenkaffee!
»Uabäääääh, schmeckt das Scheiße!« Bimbo schüttelt sich wie ein Epileptiker in den besten Jahren:»Ekelerregend! Wozu brauchen die Weißen das?«
»Lass mich mal ...« Ein Zweiter nimmt einen schmutzigen Hieb und verzieht ebenfalls das Gesicht:»Bäh! Das würde ich ja nicht mal meiner Ollen eintrichtern - und dieses Miststück hätte es bestimmt verdient ... Shit, wem können wir diese Brühe wohl sonst andrehen ...?«

Auf einmal überzieht ein fieses Lächeln sein Gesicht: »... Die weißen Ärsche! Genau, die alten Säcke! *Denen* geben wir das Zeug!«

Und die Meute ist begeistert von der Idee. »Füllt die Blassmänner ab! Füllt sie ab, füllt sie ab, füllt sie ab ...!«

Sie stürmen zurück auf die Felder und pflücken wie die Wahnsinnigen, pflücken und pflücken, dass die Schwarte kracht. Und jedesmal, wenn ein LKW der verhassten Sklaventreiber vorfährt und eine Ladung abholt, füllen die Bimbos die Ladefläche randvoll mit Bohnen, grinsen wie verrückt und wünschen guten Durst.

Dass die Weißen als Gegenleistung ab und zu ein paar Altbatterien abgeben, die »tierisch wertvoll« sind, treibt sie vor Schadenfreude regelmäßig an den Rand des Wahnsinns.

Dass sie sich dabei nur selbst verarschen, merken sie nicht – schließlich schmeckt ihre Brühe nur deshalb so grässlich, weil sie zu blöde sind, eine ordentliche Filtertüte zu erfinden. Ganz abgesehen von einer soliden Kaffeemaschine.

Und so kommt es, dass Tchibo die Bohnen immer günstiger bekommt, der Reibach immer weiter steigt, und Tante Resi Stadlmeier im Elli-Markt vor Staunen den Stützstrumpf nicht mehr abkriegt, als sie das Sonderangebot Filterkaffee »Brauner's Bester« sieht, auf der Verpackung ein wie irre grinsender Neger.

»Mei, is der nett! 9,99 DM nua! Und Grinsen kanner! Di nehmi, Bimbo!«

Star Wars -
Das Original-Drehbuch

Jeder kennt die Story von Luke Wieheißternochgleich und Darth Vadder, wie sie sich wegen ein paar popeliger Sonnensysteme (und einer unbezahlten Rechnung bei McDonalds über eine Kinder-Überraschungstüte) in die Haare kriegen und sich in dieser berühmten Szene mit Laserschwertern bekämpfen und sich auf Leben und Tod mit ebendiesen gegenseitig vor der Nase herumfuchteln. Jeder denkt, so war's wirklich, so soll es sein, so ist das nun mal.

Tja, Pustekuchen! Das Original-Drehbuch hat die finale Begegnung dieser beiden Zeitgenossen ganz anders vorgesehen, aber Steven Spielzeugberg (oder war's doch George Lucas?) hat's mal wieder vergurkt und völlig am Manuskript vorbei in Szene gesetzt. ATTACKE! wäre aber nicht ATTACKE!, wenn nicht doch *einer* unserer überbezahlten, spesenverprassenden, penetranten Auslandskorrespondenten über streng geheime (und äußerst überlriechende) Kanäle an das ursprüngliche, originale Roh-Manuskript mit allen Kommentaren des Autors gekommen wäre. Ist er dann ja auch.

Fragen Sie nicht, wieso und warum - das fragt uns die Staatsanwaltschaft auch schon ständig, und wir können das wirklich nicht mehr hören -, aber wir sind jedenfalls mächtig stolz darauf, als erste Zeitschrift überhaupt dieses Manuskript ungekürzt veröffentlichen zu können! So, wie es der Autor Samuel L. Bronkowitz ursprünglich vorgesehen hat.

Und dann können Sie hemmungslos schluchzen wie eine Heulsuse ob des schauerlichen Streifens, den Spielzeugberg (oder doch Hau den Lucas?) daraus verbrochen hat. Aber jammern Sie uns nachher bloß nicht die Ohren voll, wir haben Sie gewarnt!

Übrigens: Hat das überhaupt Spielzeugberg gedreht? Ach, wen interessiert's ...

1. Eröffnungsszene:

Imperialer Raumkreuzer »Muttis Liebling«, Gefängniszelle XI/2, gleich neben XI/3, aber ganz schön weit weg von XX/ 1.254.513.-839.987.124.

Luke wacht auf und sieht sich um.

(Was er sieht, ist dermaßen uninteressant, dass es hier schlicht und einfach weggelassen wird. Wer sich trotzdem partout etwas vorstellen will, der soll es in Gottes Namen tun, sich zum Beispiel eine Schlange vor Karstadt vorstellen oder eine knackige Braut im Wet-T-Shirt am Strand von Haiti - wer sich allerdings so etwas vorstellt, der sollte jetzt sofort aufhören zu lesen, denn so etwas gehört in einen Russ Meyer Film, nicht aber in eine irrsinnig spannende, actiongeladene Story von Darth Vadder und Luke Schleimwalker, in der es von Robotern, Laserschwertern, Raumkreuzern, Raumschlachten und Raumteilern nur so wimmelt, aber in dem sich keine einzige Mieze am Strand von Haiti räkelt.)

Also, wie gesagt: Luke wacht auf und sieht sich um.

(Uns soll es an dieser Stelle egal sein, wie Luke in diese stinkende Zelle geraten ist; vielleicht wurde er ja auch am Strand von Haiti mit einer Miss Wet T-Shirt-Dame in flagranti erwischt und deshalb sofortigst in diese besonders miefige, dunkle Zelle gebeamt, in der man nicht einmal die Pin-up-Girls an der Wand sehen kann, so dunkel ist das. Und da ist bestimmt eine mit nassem T-Shirt dabei. Ja, Darth Vadder kann ganz schön fies sein.)

Zurück zur Realität: Luke wacht auf und sieht sich um.

(Ob er Kopfschmerzen hat? Keine Ahnung! Woher soll ich das wissen? Es ist mir auf gut Deutsch auch SCHEISS-E-GAL, ob Luke Kopfschmerzen hat, dass ihm das Hirn explodiert, oder ob in China eine Frühlingsrolle platzt! Von mir aus kann er sich drei Familienpackungen Aspirin ungekaut reinzieh'n; solange er noch sein Laserschwert führen kann, ist mir das herzlich egal. Falls er aber wirklich solch dröhnende Kopfschmerzen haben sollte, wäre ich für einen Hinweis dankbar, was er gesoffen hat - lechz!

Bevor ich's vergesse: Es hat nicht jemand zufällig die Telefonnummer von Miss Wet T-... Nein? Na ja, war ja nur 'ne Frage.)

Also, zum letzten Mal: Luke wacht auf und sieht sich um.

Sein Laserschwert steckt im Gesäß. Nebensächlich, wie das passieren konnte: Jetzt bloß nicht furzen, schießt es Luke durch den Kopf. Was habe ich denn gestern bloß gegessen? Krisselige Krumenpatrinten mit Öddelgekräusmastirde - eine Gaumenfreude auf Frappant VII, aber Luke hat es zwölf Mal zum exzessiven Brechen getrieben.

Nun gut. Zumindest bekommt man davon keine Blähungen. Denn heute geht's ans Eingemachte: Der Kampf gegen Darth Vadder! Jenen finsteren Gesellen, der von allen nur »die schwarze Birne« genannt wird. Luke würde ihn ganz anders nennen. Zum Beispiel Schwarzlichtbirne. Oder Birne Helene. Oder einfach bescheuert. Na ja, also jedenfalls ganz, ganz anders.

Luke steht auf.
(Diese Szene wird höllisch theatralisch gefilmt: Die Kamera gaaaaaanz nah am Sack, dann steht Luke auf, und - WOSCH! - auf einmal steht er. Luke natürlich.)

»Wieso ist das so dunkel hier?«, fragt sich Luke und setzt die Sonnenbrille ab.
Jetzt sieht er es: Aha, es ist tatsächlich so dunkel hier! Luke kombiniert: Wenn die Zelle selbst wirklich so dunkel ist, dann ist es eine Zelle von ...
(Kamera fährt dammich nah an Lukes Gesicht heran, jeder Pickel ist zum Quetschen nah, eine drohende, bedeutungsschwangere Melodie kommt aus dem Off (wo immer das auch sein mag), und Luke sagt mit schwerer Stimme:)
»... DARTH VADDER!«
Bedeutungsschwere Pause. Eine Zelle von Darth Vadder! Das er-

klärt alles ... aber Luke behält es für sich.
Die Melodie hört nicht auf, und Luke sagt:
»... DARTH VADDER!«
Noch immer kein Ende der Melodie in Sicht.
»... DARTH VADDER!«
Das Lied hört und hört nicht auf.
»... DARTH VADDER!«
Plötzlich hört man Schritte, und das Licht geht an.
»... DARTH VADD...AMMTE SCHEISSE, IST DAS HIER HELL AUF EINMAL!«
Luke ist geblendet und beleidigt: »MANNO!«
Einer von Darth Vadders Soldaten kommt hereinspaziert und schickt sich an, Luke aus der Zelle zu führen: »Luke?«
»Ja.«
»Luke Skywalker?«
»Nein, Luke Schleimwalker.«
»Ach so. Sorry.«
»Schon gut. Kann jedem passieren.«
»Das sagen sie so einfach! Wenn Darth Vadder von diesem Fehler erfährt, reißt er mir bei lebendigem Leib die Unterhose herunter!«
»Üble Sache das.«
»Jau, kein schöner Anblick. Wie dürfen die Unterhosen ja nur alle drei Jahre wechseln ...«
»Aha, das sind dann sozusagen eure Wechseljahre, was? Hahaha!«
Der Soldat guckt ziemlich bedröppelt.
»... kleiner Scherz.«
»... ist aber gar nicht lustig, also echt. Manno ...«
»Manno? Das sagte ich bereits. Außerdem: Wenn hier einer die beleidigte Leberwurst spielt, dann gefälligst ich!«
Kaum ausgesprochen, zieht Luke beleidigt das Laserschwert aus dem hinteren Schrittbereich und schnippelt den Wachmann kurzerhand in handliche Stücke. Klar, dass jetzt die anderen Wachen beleidigt sind.
»Manno! Wer macht denn jetzt die Sauerei weg?«
»Mir doch egal. Ich will den Kampf gegen ...« Schnitt. Die Kamera ist jetzt zwei Millimeter von Lukes Gesicht entfernt, jedes einzelne Nasenhaar ist daumendick zu sehen: »... DARTH VADDER!« Schnitt. Kamera wieder auf normaler Entfernung. Diverse Nasenhaare werden von der Linse gewischt. »... endlich hinter mich bringen. Wohin geht's denn?«

»Das erfährst du schon früh genug, Schleimwalker! Los, weiter!« Ruppig stoßen die Wachen Luke weiter, während die Kamera langsam wegschwenkt und einen Blick aus dem Bordfenster erlaubt. Ein majestätischer Anblick: Tausende funkelnder Sterne, im Hintergrund zieht ein Komet hell erleuchtet seine Bahn, die nächsten Planeten stehen scheinbar regungslos im Raum, und von schräg links trudelt eine Rolle Klopapier ins Bild.
Schnitt.

2. Kampfszene:

Luke wird zum Schauplatz des Kampfes geführt: Die Autobahnraststätte Herford Ost. Es ist Winter und scheißendkalt - so kalt, dass Luke vor lauter Zittern und Zähneklappern nicht hört, wie Darth Vadder hinter ihn tritt.
»BUH!!!«
Luke fährt zusammen, als wenn ihm jemand das Laserschwert wieder in seinen ..., aber das wollen wir jetzt gar nicht wissen.

»Manno! Musst du mich denn immer so erschrecken?«

»Klar, Luke. Dann wackelt das Laserschwert in deinem Heck immer so schön!«

»Immer noch derselbe alte Fiesling, der fremden Leuten Stöcke und Laserschwerter in den ...«

»Schon gut, Luke. Kommen wir zum Geschäftlichen.«

Die Kamera fährt mal wieder so nah an Darth Vadders Helm heran, dass man das eingestanzte ›Made in Taiwan‹ sehen kann, und Darth Vadder lacht sein berühmtes, dreckiges, tiefes Lachen:

»Hahahaha ...«

Das hat jetzt zwar nichts, aber auch rein gar nichts mit dieser Szene zu tun und ist eigentlich so überflüssig wie ein kleines Steak, aber es gefällt mir einfach.

»Hahaha ...«

Noch einmal dieses dreckige Lachen.

»Hör auf zu lachen, Vadder. Du wolltest etwas Geschäftliches mit mir besprechen.«

»Genau, Luke. Du schuldest mir über fünfhundertzweiundneunzig Planetensysteme, gut ein Dutzend Galaxien, diverse Meteoritengürtel ...«

»Pah! Na und??!«

»...und neun Mark fünfundneunzig für eine McDonalds-Kinder-Überraschungstüte, du dreckiger Verräter!« Darth Vadder ist außer sich und bebt vor Wut. »NEUN MARK FÜNFUNDNEUNZIG! DAS HAT BISLANG NOCH KEINER GEWAGT!«

»Tja, Vadder ...«

Luke tut betont lässig, als er seine Hände hinter dem Rücken verschränkt und langsam nach dem Laserschwert greift.

»Die Galaxien, Meteoritengürtel und Planetensysteme kann ich wohl besorgen, kein Problem, aber die neun Mark fünfundneunzig, also ...«

Darth Vadder kann sich nicht mehr halten. »Dann nimm *das*, Luke!« Darth Vadder schnappt sich sein Laserschwert und geht auf Luke los. Der hat das ganze Elend natürlich schon kommen sehen und seinen Laserapparillo längst einsatzbereit.

Luke reagiert blitzschnell und weicht dem Angriff geschickt aus, während er sein Laserschwert hervorzaubert. »Ha! Nicht mit mir, Darth Vadder!«

Darth Vadder erholt sich schnell von dem Schreck und wirbelt herum: »Nimm *das*!« Vadder stürmt wieder auf Luke los, und diesmal kommt es zum Schlagabtausch.

Das Licht wird jetzt ganz raffiniert gedimmt und taucht die Sze-

ne in ein dunkles, gespenstisches Dämmerlicht. Stark, was?
»Moment, Darth Vadder!« Luke setzt die Sonnenbrille wieder
auf. »Okay, weiter ...«
Die Raststätte ist erfüllt von dem Brutzeln und Knallen aufeinan-
dertreffender Laserschwerter. Die Kälte ist vergessen.
»Spürst du die dunkle Seite der Macht, Luke?«
»Welche Macht?«
»Schon gut. Macht nix.«
Beide kämpfen verbissen weiter. Die Laserschwerter scheinen
verdammt gute Akkus eingebaut zu haben!
»Spürst du sie jetzt, Luke?«
»Wie - spüren? Was denn«
»Na, die dunkle Seite der Macht, du Idiot!«
»Nö.«
Der Kampf geht mittlerweile in die dritte Stunde.
»Luke?«
»Ja?«
»Wollte nur mal fragen, ob sich schon was bei dir tut. Macht und
so ...«
»Ja!«
Die Kamera schnellt auf Darth Vadder zu, Nahaufnahme:
»Hahahahaha! Ich wusste es!«, lacht Vadder äußerst dreckig.
Schwenk auf den erschöpften Luke: »Du hast recht, Vadder. Ich
spüre etwas. Mein linker Arm ist eingeschlafen!«
»Jaaa ....! Das ist die dunkle Seite der Macht, Luke! Hahaha-
haaaa!«
»Quatsch, das ist mein Tennisarm! Hör auf zu labern, Alter!«
»Alter? Woher weißt du, dass ich dein Vater bin?«
»Wenn sich sein eigener Vadder Vadder nennt, dann braucht
man nicht mal mehr eins und eins zusammenzuzählen, so einfach
ist das.«
Darth Vadder steht verdattert da.
»Scheiße. Ich wusste, dass ich nicht auf den Unternehmensbera-
ter hätte hören sollen.«
»Tja ... und watt nu?«
»Ich hacke dir noch kurz die rechte Hand ab, und dann gehen
wir einen saufen.«
»Wieso das denn?«
»Weil ich Durst habe.«
»Nein, ich meine die Sache mit der Hand!«
»Weil's so im Drehbuch steht.«
»So? Na gut. Aber die erste Runde geht auf dich!«

»Ist gebongt.«

»Na denn ...«

Während Luke und Darth Vadder langsam zum Horizont gehen, um sich einen hinter die zu Binde gießen, schwenkt die Kamera nach oben. Oder nach links. Oder rechts. Ist mir eigentlich egal, Hauptsache, die beiden Dilettanten sind nicht mehr im Bild.

3. Schlussszene

Haiti. Miss Wet T-Shirt räkelt sich verführerisch am Strand und wartet auf Luke. »Wo bleibt er denn nur? Mein T-Shirt wird schon ganz trocken!«

In genau diesem Augenblick beamen sie die imperialen Truppen auf den Raumkreuzer ›Muttis Liebling‹, um die Abwesenheit von Darth Vadder auszunutzen und irgendwelche versaute Sachen mit ihr anzustellen.

Dummerweise ist der IQ der Truppen nicht höher als der eines Hawaii-Toasts (ohne Hawaii), und aufgrund der falschen Zielkoordinaten landet die Schönheit nicht auf dem Lümmelsofa, sondern zwanzig Meter neben dem Raumkreuzer im All, wo sie prompt von einer herrenlosen Rolle Klopapier getroffen wird.

Abspann.

Der Koloss

Es gibt Tage, an denen man gar nicht erst aufstehen sollte: Die Sonne scheint, die Vögel zwitschern, die Zahnpasta landet genau mittig auf der Zahnbürste, der Morgenkaffee schmeckt – und trotzdem: Man hätte erst gar nicht aufstehen sollen. Sicher, du hast heute Urlaub, brauchst nur eine Kleinigkeit vom Supermarkt um die Ecke zu besorgen ... doch wärst du bloß im Bett geblieben. Entgegen aller Vernunft entschließt du dich also, den neuen Toaster im Angebot (Zwölf Mark neunundneunzig mit Kickstarter) mal eben abzuzocken und mit dem gesparten Geld die Biervorräte aufzufrischen. Gesagt, getan, und so schlenderst du die Fußgängerzone entlang Richtung Hertie. Hmmmm ... ist es nicht merkwürdig still heute? Egal, Hertie ist nur noch fünfzig Meter entfernt, was soll da schon groß passieren. Die Leute, die dir entgegenkommen, sind hastig, ja abgehetzt, es scheint dir fast, als würden sie vor etwas fliehen ...
Ach was, die Phantasie geht mit dir durch.

Noch 40 Meter bis zum Haupteingang, in Gedanken greifst du schon nach dem Prachtstück von Toaster. Plötzlich reißt eine Lükke in der Menschenmenge auf, und du kannst sehen, was sich 39 Meter entfernt abspielt. Du kannst es zwar sehen, aber du weigerst dich, es zu glauben: Das, was deine entzündeten Augen ausgemacht haben, ist ein ... nein, du halluzinierst.

Noch 30 Meter.
Da! Wieder eine Lücke in der rasenden Menge, und jetzt kannst du dich nicht mehr weigern, deinen Augen zu trauen: Exakt auf Kollisionskurs zu dir bewegt sich eine extrem übergewichtige, kurzsichtige, unaufhaltsam »Sonderangebot« und »Schnäppchen« brabbelnde, jeden Widerstand niederwalzende Profi-WSV-Schnäppchenjägerin. Nicht eine jener lumpigen Amateurinnen, die sich noch mittels Hechtsprung das Beste vom Grabbeltisch herauspicken wollen, nein, dieses Tier überzeugt durch Masse. Es weiß: Wer sich mir in den Weg stellt, macht dies nur einmal.
Du hast davon gelesen: Das Karstadt-Massaker 1984, die Quelle-Panik 1988, das Blutbad in der Wäscheabteilung von P&C 1993, und du überlegst fieberhaft: Quelle, Horten, Karstadt, Woolworth

... aber Hertie?
Nein, Hertie war bis jetzt noch nicht dabei. Bis jetzt...

Noch 20 Meter.
Es schießt dir durch den Kopf: Verdammt, wie konntest du nur
den WSV vergessen! Du bist diesem Etwas, diesem ..., diesem
KOLOSS praktisch schutzlos ausgeliefert: Kein Helm, keine Knie-
und Ellenbogenschoner, keine Nahkampfwaffen, kein nichts ...
Was also tun?
Du weißt ganz genau, dass dieser Fleischberg niemals ausweichen
wird, egal, wie viele Mannen sich ihm in den Weg stellen. Es
heißt also aufgeben und ausweichen, oder Kurs halten und kämpfen. Verdammt, denkst du dir, dies ist dein freier Tag, und den
lässt du dir von niemandem vermiesen!
Dein Entschluss steht also fest: Kämpfen ...

Noch 15 Meter.
Du spürst die bewundernden Blicke: Junge, Junge, der hält Kurs
und schwitzt nicht einmal dabei! Wenn die nur wüssten ...
Selbst auf diese Entfernung nimmt der **KOLOSS** fast das gesamte Blickfeld ein. Dein Hirn schreit »Wech hier!«, aber du hörst
nicht darauf. In sicherer Entfernung postieren sich die ersten Leute, um den Ausgang des Duells zu erleben.
Okay, Jungs, it's Showtime!

Noch 10 Meter.
Der **KOLOSS** scheint dich nicht einmal zu registrieren, so verschwindend klein wirkst du vor dieser lebenden Dampfwalze. Die-
ne Füße versuchen, einen kleinen Schlenker nach links zu laufen,
weg vom **KOLOSS** ... nix da! Du zerrst sie wieder in die alte Bahn
und zwingst dich, den **KOLOSS** anzuschauen. Du willst das Weis-
se im Auge deines Gegners sehen.

Noch 9 Meter.
Erste Zweifel erwachen in dir: War es wirklich klug, sich diesem
mörderischen Zweikampf zu stellen? Was hast du davon, wenn du
unter den Schuhen des **KOLOSSES** klebst – wegen eines Toasters
für zwölf neunundneunzig? Zu spät, darüber nachzudenken, der

KOLOSS kommt näher.

Noch 8 Meter.
Jede Faser deines Körpers ist zum Zerreißen gespannt, du bereitest dich innerlich auf den Aufprall vor. Der **KOLOSS** muss doch einen Schwachpunkt haben, eine wunde Stelle, die ihn in die Knie zwingt, aber wo? Du untersuchst jeden Quadratzentimeter der Wand, die auf dich zukommt. Es *muss* eine Möglichkeit geben!

Noch 7 Meter.
So weit hat sich bislang noch niemand dem **KOLOSS** genähert! Wow, das kommt ins Guinness Buch der Rekorde. Schade nur, dass du es nicht mehr lesen können wirst.

Noch 6 Meter.
Zwecklos. Du hast diese Festung abgesucht: Kein Schwachpunkt weit und breit. Der **KOLOSS** ist unangreifbar.

Noch 5 Meter.
Die Entscheidung naht.
»12,99 DM - tot!« wird morgen in der »Bild« stehen. Guinness-Buch, Bild-Zeitung ... das wird ein starker Abgang. Selbst JFK hatte nicht so eine Presse!

Noch 4 Meter.
Ist es Irrsinn? Ist es die nackte Angst? Du hörst dich schreien: »Komm doch, du fette Qualle, komm doch! Los, du Mega-Pudding, versuch's, an mir wirst du dir die Zähne ausbeißen!«
Den aufbrandenden Applaus nimmst du gar nicht mehr bewusst wahr, es gibt jetzt nur noch dich und den **KOLOSS**.

Noch 3 Meter.
Der Himmel verdunkelt sich, als du in den Kernschatten des **KOLOSSES** trittst. Egal, was brauchst du jetzt noch Licht? **KOLOSS** ist überall!
Wie zum Hohn setzt du dir die Sonnenbrille auf. Die Menge johlt.

Noch 2 Meter.
In diesem Augenblick entschließt sich dein Lebenserhaltungstrieb, die Kontrolle zu übernehmen. Das wird ihm keiner verübeln können, dazu ist er ja da.
Obwohl es zu diesem Zeitpunkt fast schon egal ist, was du tust, wird das wohl brutalste und abrupteste Ausweichmanöver eingeleitet, das je ein menschlicher Körper vollbracht hat. Ohne Rücksicht auf physikalische Gesetze drehen sich die Füße nach links und schlagen einen neuen Kurs ein, seitlich vorbei am **KOLOSS**.
Sicher, das wird knapp, verdammt knapp, aber es wird langen. Vielleicht wird es sogar lässig und cool aussehen, diese alte Schrapnelle ins Leere laufen zu lassen, und so lässt du es zu. Mehr noch, du legst dir schon die passende Lache parat, um dich nachher so richtig hässlich abzurollen: *Ha!* Nicht mit mir, alte Zicke, nicht mit mir! Da musst du schon früher aufstehen, *ha!*

Noch 1 Meter.
Wie aus dem Nichts tauchen in ihren Händen plötzlich zwei prall-

volle, blau-weiß gestreifte Einkaufstüten auf.

Shit! Wo kommen die auf einmal her? Du hättest schwören können, dass die vorhin noch nicht da waren, doch sie sind unzweifel-
haft ebenso real wie deine Gedanken in diesem Augenblick: Der
KOLOSS hat soeben ein As aus dem Ärmel gezogen.

Diese beiden Plastikbomben zwingen dich zu einem größeren
Ausweichwinkel als bislang angenommen. Wie aber den jetzt auf-
tauchenden Konflikt zwischen Masseträgheit und Kurskorrektur
lösen? Du weißt, dass du noch stärker abdrehen musst, um die drohende Kollision zu vermeiden, aber dein Körper ist in Schwung
und kann daher nur begrenzt den neuen Koordinaten folgen.

Das Leben zieht in Sekundenbruchteilen an dir vorüber: Die
dralle Mopskönigin aus der Parallelklasse, das vergeigte Studium,
die Magenschmerzen nach dem ersten Gyros Pita, der Reifenplat-
zer bei Tempo zweihundertzehn auf der A33 - soll das alles umsonst gewesen sein?

Nein! Verdammt noch mal, nein!

Und in einer letzten, übermenschlichen Kraftanstrengung gelingt
es dir, deinen verfluchten Körper um weitere drei Grad vom bishe-
rigen Kurs abzubringen. Du taumelst mehr, als dass du gehst, und
du kannst nur noch hoffen, dass diese lächerlichen drei Grad aus-
reichen, dich nicht vom **KOLOSS** niederwalzen zu lassen. Es soll
ja Menschen geben, die einen versetzten Aufprall überlebt haben,
aber das sind nur Gerüchte.

Noch 50 Zentimeter!

Du weißt nicht, ob das hässliche Knirschen von deinen überlaste-
ten Fußgelenken herrührt, die dem Körper mit aller Macht einen
neuen Kurs aufdrängen wollen, oder von den beiden Plastiktüten,
die zum Bersten prall nur einige Gramm unterhalb des Maximum
Load-Wertes belastet sind.

Diese Worst Case-Angabe des Herstellers wurde mit hochpräzi-
sen Laborgeräten ermittelt, kein Lebewesen könnte diesen Wert
ohne Hilfsmittel exakt bestimmen.

Die Ausnahme von der Regel kommt dir allerdings gerade fron-
tal entgegen: Kein Zweifel, der **KOLOSS** hat beim Beladen der
Tüten nicht ein einziges Gramm verschenkt, und jedes Gramm
wird sich gleich vehement in deinen Körper bohren, wenn nicht
noch ein Wunder geschieht.

Worst Case!

Na, wenn *das* kein Worst Case ist, was dann?

Diese Gedanken zucken dir in Sekundenbruchteilen durch den Kopf, lenken dich ab, und so verschenkst du einige Zentimeter. Das darf dir nicht noch einmal passieren, also konzentrierst du dich wieder voll auf den Überlebenskampf.

Noch 40 Zentimeter.
Ein Königreich für eine Pump-Gun!
Welcher Idiot hat eigentlich das Schusswaffengesetz erfunden? Bestimmt jemand, der noch nie im Leben im WSV unterwegs war, sonst hätte er großkalibrige Waffen jeder Art zwingend vorgeschrieben!
Sinnlos, darüber nachzudenken ...
Die faule Luft, die dir aus dem Rachen des **KOLOSSES** entgegenschlägt, raubt dir den Atem, die Luft flimmert vor deinen Augen, alles um dich herum wird schwarz ..., bewusstlos sackst du zusammen.

Der nächste Tag.
Du weißt nicht, wie lange du bewußtlos warst, aber das ist dir jetzt herzlich egal - Hauptsache, du lebst! Irgend jemand hat dir die Zeitung dagelassen, auf der du abgebildet bist. Auf der Titelseite prangt in großen Lettern: »**KOLOSS** besiegt! - Er lebt!«
Wie das?
Du liest es schwarz auf weiß: Im Fallen hast du unbewusst nach einem Halt gesucht und ihn auch gefunden - die Gürtelschnalle des **KOLOSSES**.
Nichts konnte den **KOLOSS** aufhalten, außer – ihm selbst! Und was sieht lächerlicher aus als eine fette Oma mit heruntergelassenen Hosen? Richtig: Eine fette Oma mit heruntergelassenen Hosen, die über ihre eigene Unterwäsche stolpert.

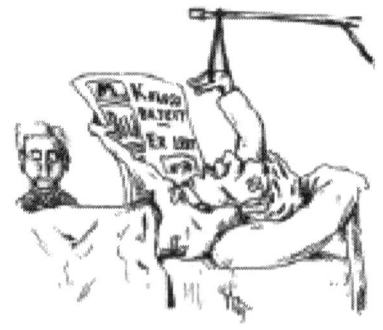

Als der **KOLOSS** fiel, hast du natürlich einige Blessuren abbekommen, aber keine lebensgefährlichen

Verletzungen. Der **KOLOSS** jeden-falls hatte sich mit hochrotem Gesicht aus dem Staub gemacht und ist bis heute nicht wieder aufgetaucht.

Schade, den Toaster kannst du dir jetzt abschminken. Aber in drei Monaten wirst du ja entlassen. Rechtzeitig zum Sommer-Schluss-verkauf ...